糸魚川翡翠

シルバージュエリーを作る

「世界に一つだけ」を届ける仕事

大塚 浩司

ほおずき書籍

プロローグ

幼少のころから西部劇が大好きで、カウボーイやネイティブアメリカンに憧れていた。「大きくなったらカウボーイかインディアンになる。それが無理なら絵描きか漫画家」というのが口癖の少年だった。ネイティブアメリカンの中でも、アリゾナ州に暮らすナバホ、ホピの人たちには特別な思いを持っていた。彼らがターコイズや珊瑚、シルバーを用いて制作するジュエリーにほれ込み、そのスピリットを身に着けようと、信頼のおける店でターコイズジュエリーを購入し、いつも身に着けていた。

30代で自身の作品を販売するためのクラフトショップ「森の生活」を白馬《はくば》にオープンした。子供のころからの夢を実現するため、またショップで販売するためのネイティブアメリカンジュエリーを求めて、アメリカ南西部アリゾナ州にある、ナバホやホピの人たちが暮らす大地を訪れた。

以来、信州の白馬に暮らし、クラフト作品を制作したり絵を描いたりしながら、ライフワークとしてアメリカインディアンとの交流と、ルート66の旅を続けてきた。数冊の本や写真集も出版し、それが縁でルート66の旅はドキュメンタリー番組も作っていただいた。

「白馬暮らし」「クラフト作家」「ネイティブアメリカン」「ルート66」というキーワードは、僕自身と、僕が営むショップにとって、他では真似ができない大きな魅力となっている。僕自身も20年以上にわたり、日本におけるネイティブアメリカンジュエリーの普及と、もうひとつのライフワークである「ルート66の旅」の魅力を伝えることに、微力ながら貢献してきたつもりだ。

信州の田舎で暮らし、大好きなモノづくりの仕事をする。子供のころからの夢を叶え、それが本になり、番組になり、価値観の合うお客さんにお越しいただくショップを経営する。キーワードを文章でまとめると、まるで絵に描いたような生き方だ。もちろん多くの挫折も失敗も大損もしてきたし、収入に関しては同世代の友人よりも、はるかに厳しい水準である。それでもなんとか自分のスタイルで、家族とともに生きてくることができたことに感謝している。スケールは小さいながらも、一人の男として「やりきった」感があった。しかしそれは、次の目標を見失い、ぬるま湯に浸かっている現状に、半ば満足している自分に気づくことでもあった。「このままでいいのか。次の目標は何だ。夢はどこに行った。どんなことならワクワクできるんだ、僕は」

このままでいいわけがない。反省とともにすぐに行動を開始した。50歳を間近にしたころ、自分が暮らす地域のことをもっと知りたいと思うようになった。何冊もアメリカ関係の本を執筆しているくせに、自らの足元、白馬や小谷《おたり》、安曇野《あづみの》、隣県の糸魚川《いといがわ》のことなど、何も知らない自分に気づいたのだ。衰え始めた体力、萎えた気力に活を入れるため、自転車でこの地域をくまなく走り回った。白馬、小谷に数多くある激坂も、ヒイコラと半泣きになりながらも歯を食いしばって上った。自転車で激坂を上り切り、今までとは違う「がんばる」自分にワクワクできた。

　旅人目線でアメリカの本を書くのは容易だが、40年以上暮らしている地域をそのスタンスで書くというのは、なかなかできるものではない。自転車で散歩するように走ることは、長年住んでいる場所を、旅人目線で見るための最適の方法だと感じた。自転車散歩のおかげで、新潟県糸魚川市から長野県松本市、塩尻市、さらにその先にある諏訪市までのラインは、海産物の流通や諏訪信仰にとって大切な路線であることを再確認した。白馬、小谷を舞台とした自転車散歩の本は、今までで最短の60日で一気に書き上げた。

　ほぼ同時期に、若いころから大好きなターコイズの綺麗で鮮やかな青色が、年齢とともに自分には少し似合わなくなってきたことにも気づいた。ショップでネイティブアメリカンジュエリーを扱って20年以上になる。ということは、ショップを支えてくれる常連さんも同じように年を重ねているのだ。お客さんもきっと、もう少しシックな、でもかっこいいジュエリーを求めているに違いない。50歳を超えた自分自身、ショップの常連さんに納得していただけるジュエリー。さらに新たなお客さんにも自信を持って薦められるストーリー性のあるジュエリーはできないものか。

答えを求めて本を読み漁り、「糸魚川翡翠《ひすい》」に出会った。新潟県糸魚川市周辺で産出する翡翠は、世界最古の翡翠宝飾文明を誇る銘石だ。僕たちの先人は、この地で産出する翡翠を「守り石」としていたのだ。

糸魚川市から松本市に至る路線上にある地名や言い伝え、数々の神話、遺跡からの出土品。「塩の道」として知られているこのラインは、縄文時代における糸魚川翡翠の流通ルートでもあったのだ。塩、奴奈川《ぬながわ》(現在の姫川)、鮭、鱒、蛇紋岩《じゃもんがん》、黒曜石、そして翡翠。それらをキーワードに、繋がっていた太古の道「翡翠ロード」。

ネイティブアメリカンが、身近にある守り石、ターコイズを用いたジュエリーを作るように、日々信州の白馬で暮らしている僕は、この地にも深くかかわりのある守り石、糸魚川翡翠を用いてかっこいいジュエリーを作りたいと考えた。ネイティブアメリカンジュエリーや、縄文時代の大珠《たいしゅ》、弥生時代の勾玉《まがたま》のコピーではなく、それらのスピリットを賜りながらも、今までにない、一点モノの糸魚川翡翠シルバージュエリーを…。

幼い時からの夢、白馬への移住、遥か彼方アメリカへの旅、そこで手にしたネイティブアメリカンジュエリー。自分で選び歩んできた道が、これから始まる糸魚川翡翠シルバージュエリーに繋がっている。

50年の時を積み重ねて見えてきた大きな光。これは、残りの人生を賭けるに値する仕事だ。

僕の新たな挑戦が始まった。

糸魚川翡翠シルバージュエリーを作る
―「世界に一つだけ」を届ける仕事―

／目次

アリゾナ州、ナバホの国へ

出会い

物心ついたころから親に連れられ、商店街のはずれにある、古びたB級映画館で見ていた西部劇。大きなスクリーンには荒野の岩山と青空に浮かぶ雲、馬にまたがり颯爽と走り抜けていく「悪者役」のネイティブアメリカンたち。そのスタイルや乗馬のかっこよさに、僕は強烈に憧れていた。

昭和30年代後半から40年代、子供時代に暮らしていたのは、大阪市住吉区我孫子前周辺から沢ノ町あたり。週末には両親に連れられ、南海電車に乗り難波界隈や心斎橋、梅田方面に出かけていた。

洋服や食器など、親の買い物には全く興味がなく、お目当てのおもちゃ屋へと走っていく途中、小さな店のショーウィンドウに並べられた「インディアンジュエリー」を見つけた。

空のように、水のように青くて綺麗な石を用いて作られた、銀色に輝くブレスレットやペンダント。その青い石が、彼らが守り石としている「ターコイズ」だと知ったのは、大人になってからのことだ。小学生の僕は「うわっ、めちゃかっこええやん」と素直に思った。説明書きには西部劇映画の中では聞いたこともない「ナバホ族」の人が作ったとある。

「なんや、アパッチとちゃうんか。ナバホってなんやねん」

「これ、ほんまもんか？　そやけど、かっこええなぁ、欲しいなぁ」

プライスカードに並んだ0の数に恐れをなし、とても両親に「これ、買《こ》うてぇな」とは口にできないなと、子供心に感じていた。

西部劇という映画の中だけの存在としか思っていなかった彼らが、今の時代に生き、ジュエリーを制作している…。小学生の僕は、そのことに衝撃を受けた。

「いつかはアメリカに行って彼らに会ってみたい。岩山が点在する砂漠で、馬に乗ってみたい。そして彼らが作ったジュエリーが欲しい」

と強く思った。

アリゾナへ

昭和47年（1972）、両親が小さなスキーロッジを始めるため、僕が12歳の時に故郷の大阪を離れ、家族で白馬に移住。以後は雪国白馬で暮らすことになる。大人になり結婚し、絵やデザイン、クラフトの仕事をしながら、両親の経営する宿の手伝いをしていた。

アリゾナ州ウィンズローの街から、北に走るとナバホの国だ

ある日、ふとしたことがご縁で、ナバホ族の祈祷師と友人だというアリゾナ在住の女性と出会い、子供のころからの夢を果たすため、アメリカに旅立つことになった。30歳を過ぎ、3人の子持ちになってから初めて訪れたアメリカ、アリゾナ州北部にある小さな田舎町ウィンズロー。町を外れるといきなり現れる漠々とした荒野。現地の人との待ち合わせ場所を探してウロウロとしたのが、伝説のハイウェイ、オールドルート66。イーグルスの名曲「テイク・イット・イージー」で唄われた街角に停まっていたポリスカー。制服警官に場所を訊き、待ち合わせ場所に向かう。約束の時間を遥かに過ぎても待ち人は来ない。代理人としてきたという2人の悪そうなナバホ

の青年。英語を話しているのだろうが、癖が強く何を話しているのか理解するのに苦労した。目的地までの案内を頼むがそっけなく断られ、ただ右手で北を示し、「ゴーストレイト」と一言。「なるようになるさ、気楽にいこうぜ」

テイク・イット・イージーの歌詞に励まされ車を走らせる。広大な砂漠、地平線まで続くまっすぐな道。映画のスクリーンで見たのと同じ青空と、絵に描いたように浮かぶ白い雲。多くの旅行者が訪れるニューヨークやロサンジェルス、シカゴなどの都会ではなく、観光客がほとんど来ない、立ち入れない赤い砂漠。すべての風景に圧倒され、知らない間に涙が流れていた。

生まれて初めて出会うネイティブアメリカン、ナバホの祈祷師である老夫妻。最初は恐れを感じ、緊張のあまり声も出なかった。英語ではない、ささやくような、呪文のようなナバホの言葉。それはまさに砂漠を吹き渡る風の音のようだ。

この「風との出会い」のような瞬間は、幼少のころからの夢が実現し、その後20年以上かかわりを持つようになる、本物のネイティブアメリカンジュエリーとの出会いでもあった。

何度も旅を重ねてお会いするたびに、祈祷師ウォーカー夫妻とは、父母と息子の関係にまでなった。初めての出会いから数年。ある日厳かな儀式が行われ、祈りの言葉とともにナバホのホーリーネームを授けていただいた。

「生涯その名をむやみに漏らしてはいけない」
近しい人以外にホーリーネームを教えることは、名前が持つパワーが弱まるといわれ、タブーとされている。テレビの旅番組のロケで、レポーターや芸能人が名前を付けてもらうシーンもあるが、あれは単なるニックネーム。ホーリーネームを授かるということは、部族の一員として迎えられた証であるとともに、一人の人間として、部族に貢献する責任を果たさなくてはならないのだ。

小さな島国、日本からやってきた僕は、この時からナバホの男になった。

アリゾナに行くたびに、ホーリーネームの責任を果たすべく、ナバホの小学校でボランティア教師として、美術の授業を担当させていただいた。親しくなった生徒を通して、僕が遊びに行けるナバホの家族が増えていった。

いつも滞在している場所からホピまでは小一時間。平原に暮らす遊牧民であるナバホと違い、ホピはメサと呼ばれる岩山の上にひっそりと暮らす農耕民族。ナバホとホピでは生活習慣も言葉もまるで違う。ふとしたことで知り合ったジュエリー作家の男性を介して、ホピにもたくさんの友達ができた。季節ごとに行われる儀式の際も、家族として招いてくれた。このようにナバホやホピの人たちとの交流は、回を重ねるに従い、濃密なつながりへと発展していく。

家族ぐるみの付き合い

初めのころは一人旅だったが、やがて家族で彼らの暮らす大地に訪れるようになる。もちろん、ナバホの中に宿があるわけではないので、ナバホの友人の家に家族でホームステイしていた。

子供たちはナバホの小学校に体験入学したり、パウワウに参加したりした。女房はナバホの伝統的な料理や、フライドブレットの作り方を教わった。

家族全員で、祈祷師が執り行うスウェットセレモニーにも参加し、俗にいうところの「生まれ変わり」も体験した。

当時小児ぜんそくで苦しんでいた息子は、祈祷師の伝統的な治療を受けた。ナバホの儀式は夜間に行われる。使い込まれた水晶、フルートの音色、星空に捧げる祈りの言葉。遥か昔から続く伝統の治癒儀式。満点の星空のもと、厳かな時間が流れていた。

ホピの家族の家にも頻繁に遊びに行った。家族ぐるみの付き合いが続くうち、生まれてくる赤ちゃんの名付け親になってほしいと頼まれた。ホピの神事であるカチナダンスの際、首筋に巻かれるモミの葉は、「永遠、実り」を表す神聖なものとされている。僕と女房で熟考し、春に生まれてくる赤ちゃんに、エバーグリーンに相当する「みどり」という名前を授けた。ナバホでホーリーネームを授かり、今度はホピの娘のゴッドファーザーとなった。今ではみどりも成人となり、結婚して元気な男の子を育てている。

家族で出かけた時も、ジュエリーやラグ、クラフト作品の仕入れのために多くのアーチストの家に行った。広大な砂漠の中、とんでもないラフロードの先にポツンと暮らすナバホの友人作家を、一軒一軒訪ねていくのはちょっとした冒険のようだ。ローカルジュエリー作家の自宅には、併設の工房がある人は稀で、ほとんどが部屋の片隅の小さな机一つで制作している。それでも専用の机があるだけましなほうで、多くの作家はいわゆるキッチンテーブル・クラフトマン。つまり食卓を利用してジュエリーを制作している。食事時間には片づけなければならない制作環境ということだ。材料であるシルバーを仕入れるのにも貧窮し、クラフトマンとして確かな腕を持ちながらも、道路工事の日雇労働に従事せざるを得ない人も多い。僕なりに彼らの力になりたくて、なるべく作家本人から作品を仕入れ、20年以上販売を続けてきた。

小さいころから手先の器用な息子は、彼らが制作するジュエリーに心をひかれていた。一枚のシルバープレートを切り抜いて加工し、ターコイズを留める一連の作業を、目を輝かせて何時間も眺めていた。

息子が高校生の時に、僕と二人でアメリカを旅した。小学生のころから見ていたジュエリー制作の現場を、高校生になって見たときに、彼の心は決まったのかもしれない。高校卒業後、ジュエリー制作の専門学校で2年間学び、今ではプロのシルバージュエラーとして日々制作に励んでいる。

彼らが作るジュエリー

ネイティブアメリカンジュエリーは、ナバホ、ホピ、ズーニ、サントドミンゴ、これら4部族のものが特に有名で、全体の80％以上を占めている。ネイティブアメリカンにとってジュエリーは、彼らが守り続けてきた深い精神性を具象化した作品であるとともに、貴重な現金収入源なのである。そのデザインをまねただけのコピー商品の氾濫は、彼らの生活にとって大きな障害であることを、販売する人も購入する人も決して忘れてはならない。

ナバホが作るジュエリーの特徴は、ターコイズやシルバーを大胆に使い、見るからに重くて男性的な点だろう。天からの恵みである水と空を象徴するターコイズ、地中深く産出し、大地を象徴するシルバー、海からの恵みである珊瑚や貝、これらを組み合わせて制作することで自然界のバランスと調和を表現している。

ホピジュエリーの特徴は、板状のシルバーに彼らの伝統的な絵柄を切り抜き、ベースとなるシルバーに張り合わせて制作する。ダブルオーバーレイという手法で作られる、繊細で美しいシルバーソリッドのホピシルバージュエリーは、日本での人気も高く高額で販売されている。絵柄のモチーフとなるのは、太陽、雲、水、雨、雷などからコヨーテ、クマ、ウサギ、カメなど、彼らの生活に根差した絵柄が多い。フルートを吹く精霊「ココペリ」という人気のキャラクターも、もともとはホピの言い伝えから全世界に広がったものだ。

ニューメキシコ州に暮らすズーニが作るジュエリーは、ターコイズやラピスラズリ、ブラックオニキス、白蝶貝、珊瑚などの素材を、小さなピースにカットし、象嵌《ぞうがん》手法を用いてシルバーの台座にはめ込んで作られる。本来気の遠くなるような細かい仕事だが、現在パーツは素材、形ごとに細分化されて店で販売されている。ハンドメイドのものはとても少なく、機械加工、レーザーカットなどで大量に作られ、安価で販売されているのが現状だ。いわばパーツを順に張り合わせるだけで作れるようになっているので、著名なアーチストものを除き、価格は手ごろなものが多い。

同じくニューメキシコ州に暮らすサントドミンゴの作るジュエリーは、ターコイズや貝をビーズに加工し、皮ひもに通して作るヒーシと呼ばれるネックレスが有名だ。手作業で丁寧に削って作ったビーズから作られたものは非常に高価である。こちらも近年は、機械加工されたビーズパーツを、ただ皮ひもに通しただけという安直なものも数多く出回っており、ハンドメイドのオリジナルヒーシは少なく、とても貴重なものとなってきている。

これらのジュエリーを見極め、作家の心がこもったハンドメイドものを販売するには、やはり現地に出向くしかない。ジュエリー作家と友人関係を結び、制作工程を拝見し、完成品をじっくりと選んで購入させていただく。大変に手間と時間のかかる仕入れ方だが、わざわざ白馬まで来ていただくお客さんに対し、嘘偽りのない作品を見ていただくためには一番の方法なのだ。

ナバホのジュエリーアーチスト、リロイ・トーマス

カスタムジュエリー

長年、ネイティブアメリカンジュエリーを取り扱っていると、お客さんの目も肥えてくるし、その人ならではの一点モノを求めるようになってくる。また、リングなどは各自の求めるサイズが違うので、デザインが気に入ってもサイズが合わなければ購入には至らない。それならばお客さんのニーズに合わせて、オーダーメイドで作ってもらえばいいと考えた。

今のようにインターネット環境が整っている時代ではなかったので、僕が次回アメリカに行くまでに、お客さんのオーダーを取りまとめ、サイズやラフスケッチを描いていた。渡米して現地の作家さんの家に行き、ターコイズを選び、希望のサイズやデザインを伝えて制作してもらった。たどたどしい英語で、お客さんからのオーダーを伝えるわけだが、100の言葉よりも、1枚のデザイン画を渡すほうが、作品の雰囲気がちゃんと伝わる。現地では、絵に描いたデザインが、技術的にジュエリーとして作ることができるものであるかの詰めの作業をすればよかった。この時期からジュエリーデザインという新たな仕事を始めたのだが、しっかりとした絵が描けることを、この時ほどありがたいと思ったことはなかった。

作品が完成したら日本に送ってもらい、オーダーいただいたお客さんに手渡していた。現地で綿密にデザインとサイズを伝えていても、サイズ違いのリングや、ターコイズの取り付けが不十分な作品が送られてきたことが何度もあった。ショップとしては、儲けどころか足の出るカスタムオーダーシステムだったが、お客さんのニーズに合ったジュエリーをデザインするという仕事が、今の糸魚川翡翠シルバージュエリーに役立っているのは確かである。

考えてみれば、なかなか体験できないような、様々な経験を積んできたなぁ、とあらためて思う。

守り石「ターコイズ」

ナバホの人たちがターコイズジュエリーを身に着けるのは、ターコイズがパワフルな守り石だと考えているからだ。自分の身に危険が迫っているときはターコイズの色が変化して教えてくれる。かつて行われていた他部族との戦いの際も、万が一の場合はターコイズが割れて自分の身代わりになってくれるという。また広大な砂漠地帯に暮らす彼らにとって、水の色であるターコイズは、恵みの雨をもたらしてくれる石として、なにより大切にしているのだ。

ひとくくりにターコイズと呼んでいるが、アメリカで買い付けるときには、その石が産出する鉱山や地名で呼ばれ、石のグレードにより細かく分類されている。ターコイズが採れる鉱山は、アメリカの南西部に集中している。今でこそ鉱山によってはすべて採り尽くされ、とてつもない価格になっているターコイズもあるが、遥か昔から足元で拾うことのできる身近な青い石を、彼らは守り石にしてきたというわけだ。

僕も小学生のころに初めて目にしてから45年以上、ターコイズという石が大好きだ。アメリカに行くたびにジュエリーだけでなく、鉱山ごとのターコイズルースや原石も合わせて購入している。今となっては入手困難なターコイズも、いくつかコレクションとして所有している。ネイティブアメリカンの友人作家の中には、ショップで購入できるターコイズルースに満足せず、自ら原石を研磨してルースに仕上げる作家もいる。原石から形を削りだして磨き、宝石を作る作業を見るたびに「僕もやってみたいな」とは常に思っていた。専用の高額な電動工具や、ダイヤモンドヤスリなどの工具もアメリカで物色したこともある。しかし原石は仕入れることはできるけれども、研磨機などの電動工具はとても持ち帰れる大きさではないし、宝石研磨加工の知識もまるでないので、その夢は封印せざるを得なかった。

彼らがターコイズなら、僕らは？

小さいころから大好きで、原石やルースまでコレクションしているターコイズ。アメリカで採取されるターコイズは、鉱山、産地別にほぼすべてコレクションしている。ナバホの友人が制作した、トップグレードのターコイズジュエリーもいくつか所有している。僕は明るい水色一色のターコイズよりも、マトリックスと呼ばれる模様が入った石が好きだ。色もどちらかというと、深い青色、あるいは緑がかった色合いが好きで、若いころから身に着けてきた。

しかし残念ながらというか、45歳を超えたあたりから、ターコイズの派手な青色が、自分に似合わなくなってきたのかなと思うようになった。いつからかは覚えていないが、右手にしていたブレスレットも、愛用のペンダントも外していたのだ。もう少しシックな色の石として、群青《ぐんじょう》色のラピスラズリや、漆黒のブラックオニキスを用いたジュエリーも所有しているが、いったん身に着けることから遠ざかると、新たに装うことはしなかった。

ほぼ同じ時期に「ナバホの人たちはターコイズを守り石にしてきた。それなら僕たち日本人にとっての守り石は何だったのだろう」と、考えるようになった。ネイティブアメリカンに関しては、中学生のころからほぼすべての書物を読み漁り、ドキュメンタリー番組や洋書、写真集などにも必ず目を通してきた。興味が無かったというべきか、そもそも日本人にとって守り石とした石があったのかどうかも、今まで考えたこともなかったし、調べたこともなかった。子供のころからターコイズ愛一筋でやってきたからだ。今にして思えば、視野の狭い迂闊《うかつ》な男である。

生まれて初めて、自ら進んで、日本の歴史書や古代史、縄文時代や弥生時代のことが書かれた本を、ほぼ一年かけて片っ端から読み漁った。書物から導き出された答えが、どうやら「翡翠」で、それも糸魚川周辺で採取された翡翠ということだった。それからは長野県や新潟県関係の本、糸魚川、小谷、白馬、安曇野の町史や村史、資料に目を通し、各地の遺跡や民俗資料館などにも足を運び、学芸員さんの話に耳を傾けた。翡翠や奴奈川姫に関する本の著者にも会い、いろいろと興味深い話を伺った。

ネイティブアメリカンやアメリカ史に関しては、素人ながら40年以上勉強してきたし、現地に足も運んでいる。それから比べれば、たかだか1年半ほどの勉強期間である。僕たち日本人の守り石は、糸魚川周辺の「翡翠」に間違いないと、自分自身が納得し、お客さんにちゃんと説明できるようにするには、猛烈に集中して勉強する必要があったのだ。

ネイティブアメリカンと縄文人。どちらも足元にある青い石を守り石にしていたというのは、非常に面白い共通点だと認識した。

世界最古の翡翠宝飾文明

翡翠とジェード

新潟県糸魚川市、姫川支流の1つである小滝川《こたきがわ》周辺と、直接日本海に注ぐ青海川《おうみがわ》の上流が翡翠の主な産地である。この2か所は国の天然記念物に指定されていて、翡翠に限らず石の採取や移動が固く禁止されている。誰でも見学できる場所として開放されているので、ルールとマナーはしっかりと守りたい。

糸魚川周辺の翡翠は、世界最古の翡翠宝飾文化を誇る銘石である。発掘された縄文遺跡の年代測定により、約5千年前には翡翠を加工し、身に着けていたであろう証拠がいくつも見つかっている。

一般的に今でも翡翠は英語でＪＡＤＥ（ジェード）と総称されているが、日本の翡翠はまぎれもなくＪＡＤＥＩＴＥ（ジェダイト）である。かつてはどちらも同じく「翡翠」として扱われ、ジェードを軟玉翡翠、ジェダイトを硬玉翡翠としていた。現在では別の鉱物であると区分され、ジェードはネフライト、ジェダイトは翡翠、あるいは本翡翠と呼んでいる。確かにルースなどの加工製品になると、ネフライトと翡翠の見分けは難しい。特に海外で「翡翠だよ」と説明されて購入した高額な製品が、ネフライトである場合も多いのだ。科学的に区分されたことにより、ジェダイト、つまり翡翠の希少性が認知されたわけだが、僕の感覚として英語圏の人々には、ジェードとジェダイトとの差がきちんと伝わっていない。非常に残念な話だが、時間をかけて丁寧に説明していくしかないであろう。

ジェードはごく一般的な鉱物で、産地も多く、量も豊富である。白馬でもたまに河原で拾うことができる、普通の石なので「宝石」には値しない。ただし、先に述べたように色のいいネフライトを加工すれば、翡翠製品との見分けがつかないほど綺麗な輝きになる。

また翡翠工芸品というと、すぐに中国を思い浮かべる人がほとんどだ。しかし中国で古《いにしえ》の時代から使用されていたのはジェードであり、現在の基準では翡翠ではない。18世紀、清の時代になり、現在のミャンマーからジェダイト、つまり翡翠が輸入されてのち現在に至っているのだ。つまり、玉（ぎょく）＝翡翠という考えは、最近200年程度の話で、それ以前は玉＝ネフライトなのであり、5千年以上続く日本の翡翠宝飾文化とは、根底から違うものであると明記しておく。

世界最古の翡翠文明

世界における翡翠産地は、日本、ミャンマー、南米のグワテマラ、アメリカのカリフォルニア、ロシア、カザフスタンなどで、世界で数か所しかない。そのうち翡翠を珍重していた文明は、日本とアメリカ大陸のメソアメリカ文明に限られる。前項で述べたとおり、中国では古くから実用品や装飾品の素材として、ネフライトを用いてきた歴史があるが、国の政《まつりごと》に使われていたわけではないし、そもそも翡翠ではない。

メソアメリカ文明では、マヤのパレンケ遺跡で出土した翡翠の仮面や装身具が有名である。これらは紀元600年の王の遺物なので、1500年ほどの歴史である。マヤ文明では主食であるトウモロコシの色を東西南北に当てはめており、北が白、南が黄色、東が赤、西が黒である。中央に緑を配置し、宇宙のバランスを取っている。それ故に緑色の翡翠は、彼らの守り石となったのだ。余談になるが、僕の著書である『インディアンカントリーの風に吹かれて』（ほおずき書籍）を持っている方は、表紙の絵を確認していただきたい。カウボーンの後ろにあるドリームキャッチャーの、周囲に巻かれた4色の色が確認できるはずだ。ナバホの国は東西南北にそびえる4つの聖なる山に守られている。そしてこの表紙絵の色は、ナバホの国の東西南北に当てはまる色を表しているのだ。ナバホの人たちは、北に黒、南に青、東に白、西に黄色を配置している。このナバホの聖なる4色も、トウモロコシの色から採用されているのだ。伝統的な生活をしているナバホの人は今でも、東から昇る朝日に白いトウモロコシの挽き粉を、西に沈む夕日に黄色のトウモロコシの挽き粉を撒き、一日の平穏と感謝を捧げるのだ。アメリカ大陸の様々な部族や文明には、いくつもの共通点があり、とても興味深い。

翡翠に話を戻すと、メソアメリカ文明の起源となったオルメカ文明の遺跡からも翡翠の仮面が出土しており、こちらは約3500年前の話。縄文時代中期、約5千年前の遺跡から翡翠を加工した宝飾品が出土している日本が、世界最古の翡翠宝飾文明であることは、今のところ間違いないのだ。

セドナ以上のパワースポット

日本国内で翡翠が産出するのは、新潟県の糸魚川市周辺および長野県の小谷村と白馬村、鳥取県の若桜町、兵庫県、岡山県、長崎県、北海道、埼玉県などがある。僕の暮らす白馬や隣の小谷でも、とある場所で翡翠が採れる。こう書くと「なんだ、けっこうどこにでもあるのだな」と思うかもしれない。

この中で宝石クラスに限れば、糸魚川市周辺と鳥取県の若桜町の2か所。若桜翡翠は採り尽くされており、新たな鉱脈が見つからない限り入手は難しい。ここで注目すべきポイントは、縄文時代から珍重されてきた翡翠は、糸魚川市の青海川産と姫川産にほぼ限られているということだ。

日本各地の遺跡から出土する翡翠製品を鑑定すると、ほぼすべてが糸魚川周辺の翡翠であるとのこと。中には翡翠産出地のすぐ近くの遺跡から出土した翡翠製品も、やはり糸魚川産だったという例もある。縄文人はなぜ、糸魚川産の翡翠だけを用い、時間のかかる加工を施し珍重してきたのかを、僕なりの視点で考えてみた。

アメリカ、アリゾナ州にあるセドナは、世界最大のパワースポットとして、近年脚光を浴びている。もともとはネイティブアメリカンの土地で、彼らの聖地であり治療の場所であった。僕も何度も訪れたことがあり、その景観の素晴らしさは見事としか言いようのない場所である。

僕自身は霊的なものとか、大地のエネルギー、気というようなものに鈍感な人間なので、景観には感動するがそれ以上のものはほとんど感じない。本音を言えば、観光客と怪しげなパワーを売りにしたり、頼ったりする輩が大勢ウロウロする、物価の高いトップリゾート観光地セドナよりも、ナバホやホピのなーんにもない、誰もいないような大地で風に吹かれているほうが、はるかに心が浄化される。さらにいえば白馬で日々生活している僕は、地球を構成している2つのプレートが出会うラインに45年暮らし、いわゆる「大地が発するエネルギー」に常に浸っているので、世界最大のパワースポットといわれているセドナに行っても、僕自身に変化がないのかもしれない。ということは糸魚川―静岡構造線上は、世界中に知れ渡ったセドナを遥かに凌ぐ、真に世界一のパワースポットかもしれないのだ。

翡翠の主な産地は糸魚川市、さらにわずかではあるが小谷村、白馬村で、いずれも姫川沿いの支流である。糸魚川―静岡構造線上に位置する姫川や青海川は、2つのプレートが織りなすフォッサマグナの西の端である。その流域から産出した翡翠のみが、加工されて全国に流通してきたのである。糸魚川周辺の翡翠が、大地のエネルギーをギュッと濃縮した特別な石であることを熟知し、守り石として珍重してきたわけだ。ネイティブアメリカンの人々が太古からセドナを聖なる場所としてきたのと同じように、縄文人は糸魚川―静岡構造線上地域の「大地の気」をしっかりと理解して、その地で産出する翡翠を用いてきたことになる。

加工の難しさ

縄文の人々は翡翠の産出地から翡翠を採取してきたのではなく、海岸に落ちている翡翠を持ち帰り加工していたことが、出土品から解っている。今も翡翠が拾える糸魚川周辺の海岸で、5千年前から翡翠拾いをしていた絵を想像すると、愉快な気持ちになってくる。手を後ろに組んでゆっくりと歩き、時々足で石を転がして、良さそうな石なら屈《かが》んで拾い上げる。綺麗な石なら持ち帰り、そうでない石はその場に置いてくる絵面は、今と全く同じだったのだろう。

ただし研磨加工となると現代とは大違いだ。翡翠はとても硬い石である。現代ならばダイヤモンドの粒子を装着した優れた研磨材料が手に入り、電動で高速回転する器具を用いて研磨できる。穴を開けるにしても電動ドリルにダイヤモンドビットを取り付ければ、数分から10分ほどで穴も開けられる。糸魚川市で商売として勾玉や大珠を作っておられる職人さんにお聞きすると、梨地程度の磨き仕上げの作品なら、1時間ほどで完成させることもできるそうだ。

新潟県の縄文遺跡に併設されている考古館や資料館には、どのようにして翡翠加工を行ってきたかの考察や証拠品が展示されている。篠竹の先端に石英の砂を研磨剤にして穴を開けたり、砂岩の砥石を使って表面を研磨したりと、道具を工夫して磨いていたのである。もともと滑石や蝋石《ろうせき》の装飾品、あるいは蛇紋岩で石斧《せきふ》を作っていた技術の土台があったにせよ、縄文時代ではとてつもない時間をかけて翡翠製品を完成させていたわけだ。

海岸の翡翠を持ち帰ったのは、綺麗な石だからという理由もあるだろうが、本来は蛇紋岩を叩き割るためのハンマーとして用いていたらしい。他のどの石よりも硬くて綺麗な石、「こいつで何かを作れたら、とてもパワフルなモノになるぞ。ならば挑戦してみよう」という、当時の人の好奇心がなければ、翡翠加工製品は生まれてこなかったということだ。

翡翠ロード

糸魚川周辺の海岸で採取し、加工された翡翠製品は、日本各地に運ばれている。東北や北海道に流通した翡翠製品は、おそらく船によって運ばれたのではないかと推測されている。北海道や礼文島、佐渡島から糸魚川産の翡翠製品が出土しているので、誰かが船で運んだということだろう。古墳時代には朝鮮半島まで、糸魚川翡翠は流通していく。

それとは別に、長野県の松本市、塩尻市、諏訪市、茅野市、さらに関東、中京、関西に翡翠製品が運ばれたラインが、糸魚川市から長野県小谷村、白馬村、大町市を経由する道であろうと推測されている。後には上越市から妙高、長野市に至るラインも利用したのではないかということらしい。海上ルートも陸上ルートも、数千年前のことなので、あくまで推測の域は出ないのである。いずれにしても縄文時代あるいはそれ以前から、日本中全てにおいて人とモノの流れがあったということだ。

陸上ルートの糸魚川―松本ラインは、古の道「塩の道」で繋がっており、それをさらに遡った太古の昔に翡翠の流通ルートがあったというのは、その路線上に暮らす僕にとっては興味深い話である。ここで重要なのが、白馬を源流とする一級河川姫川である。姫川の河口周辺で栄えた糸魚川の翡翠宝飾文化。市内の美山にある長者が原縄文遺跡をはじめ、糸魚川市周辺は「地面を掘れば遺跡と翡翠が出てくる」といわれるほど、翡翠製品の加工を行っていた証拠が次々と出土している。今風に言えば、5千年前から地場産業が盛んで、非常に栄えた地であったということだろう。

今でもそうだが、姫川には渓流魚が多く生息しており、鮭やサクラマスが遡上する。ダムや発電施設がなければ、今でも小谷、白馬まで遡上してくるに違いない。釣り師である僕の発想だが、縄文時代の人たちもきっと「この川の上流にはなにがあるのだろう」と、遡上する鮭、鱒を追って遡行したに違いない。好奇心と冒険魂がなければ、文明は広がらないからだ。小谷

新潟県糸魚川市美山にある長者が原縄文遺跡入り口

長者が原縄文遺跡復元住居

砂岩でできた砥石。砥石が出土すれば、その遺跡で研磨加工していたことの証拠となる。長野県大町市一津遺跡出土品

翡翠の打製石器。長野県大町市一津遺跡出土品

村の黒川遺跡、白馬村の堂平遺跡、船山遺跡などからは、わずかではあるが翡翠製品が出土している。それらの縄文遺跡は、すべて姫川沿いにある。姫川源流のさらに先、佐野坂峠を越えて大町市へと旅は続く。青木湖を超えて木崎湖畔。まるで故郷の海のような大きな湖のほとりに、縄文人が作り上げたのが一津遺跡。ここからはかなりの数の翡翠原石、加工途中やほぼ完成品の翡翠が出土している。砂岩でできた砥石も何点も出土し、硬い翡翠を研磨したであろう筋までくっきりと見ることができる。なにより穿孔《せんこう》途中の翡翠や滑石、穴をあける際に使用したかもしれない紡錘形の土器も出土している。出土品から推測すると、この地で翡翠をはじめとした石の研磨加工が行われていた可能性が、非常に高いということだ。糸魚川周辺で栄えた翡翠加工技術は、鮭、

加工途中の翡翠宝飾品。穴も途中まで開いている。長野県大町市一津遺跡出土品

鱒が遡上する母なる川「姫川」を遡り、現在の木崎湖畔、「海ノ口」駅周辺にたどり着いたのであろう。これらの縄文遺跡をつないだラインが、現在の国道148号線、およびJR大糸線とオーバーラップし、塩尻市の上木戸遺跡に続いている。上木戸遺跡では、1つの墓から5点の翡翠大珠が見つかっている。ただし、この仮説で腑に落ちないのは、大町市の一津遺跡が縄文晩期で、さらに糸魚川より遠い山形村の淀の内遺跡が縄文中期ということだ。どちらも翡翠加工をしていた痕跡があるが、糸魚川からの距離が遠い、淀の内遺跡のほうが、古い時代から加工していたことになる。うーん、謎は謎のままということかな。

日本海側から翡翠製品とともに、加工するための翡翠原石、及び加工技術が運ばれたのと同じように、八ヶ岳や和田峠からは黒曜石が日本海側に運ばれ、北海道まで行っている。

フォッサマグナと糸魚川―静岡構造線の真上につながるこのラインは、古の「翡翠ロード」であり、「ストーンロード」でもあったのだ。

交易品か贈呈品か

1人の職人が苦労して完成させた、硬くて綺麗な透き通る緑色の石の作品。試行錯誤ののち完成した最初の1個から時を経て、翡翠の作業工程も確立し、地区単位で、ある程度の数が作られるようになったとしても、他の加工品とは制作時間が桁違いの翡翠製品。加工した職人にすれば、今まで作ってきた「製品」ではなく、まさに「作品」と呼ぶにふさわしい逸品を、他のものと同じように「交易品」の1つととらえていたのだろうか。

交易品や物々交換でイメージできるのは、海で獲れた魚介類や塩と、山で獲れた獣の肉や薪とを交換するという感じだ。生きていくために欠かせない食料であれば、徒歩数時間の距離にある別の集落との交流や融通があったと思う。また、蛇紋岩の石斧のように、優れたブランド品としての「道具」であれば、遠くで暮らす人たちからもオーダーが入ってきたかもしれない。それら生活必需品と、魂がこもった翡翠の作品とを、同じと考えていたのだろうか。

ネイティブアメリカンや他のプリミティブな人たちの中には、ギブアウェイ（与え尽くし）という風習がある。人が本当に求めれば、あるいは人が本当に困っているときは、損得や見返り抜きで、自分の財産や大切なものを与える。与えられた人はそのことを当然として、また他の人が困っていたり、求めたりしてきたときに同じ行為をするという。

縄文人は現代と同じように、その地ならではの特産品を広く流通させ、生活を豊かにするという生き方とともに、ギブアウェイという生き方も同時にしていたのではないか。そして糸魚川周辺の縄文人にとって、翡翠加工品はギブアウェイの最たるものだったのではないか。魂を込めて作った作品だからこそ、見返りを求めずに「よかったらどうぞ」という感じで、渡していたのではないか。

いずれにしても遺跡から出土し、形として残っているのは、石製品と土器がほとんどなので、何と何を物々交換したのか、翡翠を贈呈品として贈ったのかという疑問の答えは永遠に解らない。

忽然と消えた歴史

縄文時代から珍重され、日本の守り石として大切にされていた糸魚川翡翠だが、奈良時代以降を境に使用されることがなくなっている。日本の歴史から翡翠を尊ぶ文化が忽然と消えてしまうのだ。以後１５００年、糸魚川周辺で翡翠が産出することさえ、日本人は記憶から忘れ去ってしまう。昭和初期に糸魚川市の姫川支流、小滝川で翡翠が再発見されるまで、縄文時代以降の遺跡から出た翡翠は、大陸からの渡来品と考えられていた。３５００年ほど珍重され、政の要ともなっていた糸魚川翡翠製品が、なぜ衰退したのかは大きな謎で、推測するしか方法がない。

謎を解くカギは、エジプトのピラミッドのような巨大墳墓が、次々と作られた古墳時代にあるのかもしれない。権力者の威厳の象徴である巨大墳墓は、「この俺の力を見よ」という自己顕示欲の象徴である。人々は権力者の力にひれ伏し、従ったのだろう。太古の人は、人間の力ではどうしようもない「自然の力」に対して、つましく生きてきた。自然というか神というか、霊的なものに対して祈り、捧げ、従い、授かりながら生きてきた。その政に用いたのが、蛇紋岩や翡翠を用いて作られた宝飾製品である。それに対し、大きな山にも匹敵するような墓を作るというのは、「力のある自分なら、多くの人を使ってなんでもできるぞ」という考えに基づいている。プリミティブな自然崇拝からスタートしたこの国が、権力者が神であるという、いわば傲慢な思考に変化した時代ではなかったのかと僕は考えている。自然に畏敬の念を抱き、霊的なものとの交信手段として用いられた大珠や勾玉などの翡翠宝飾品は、権力者にしてみれば邪魔な道具そのものだったに違いない。地区の長や呪術師に対し、翡翠宝飾品の所持や、そ

縄文時代の翡翠宝飾品と、翡翠シルバージュエリー。約5000年の時間差がある

れを使用しての儀式を禁止し、自分の政に従うように洗脳していく。古墳時代後期から奈良時代にかけては、そういった「人間の驕り」が広まっていった時代なのかもしれない。

日本の歴史から翡翠を尊ぶ文化が消滅しても、糸魚川周辺から翡翠原石が手品のように消え去ったわけではない。以前と同じように、河原に、海岸に綺麗な翡翠が転がっていたのである。

青や緑色を帯びた、綺麗で重い石である翡翠は、糸魚川周辺の民家の漬物石や、屋根板を押さえるのにちょうどいい「青石」として、昭和13年（1938）まで使われていたというのだから驚きだ。どんなに綺麗な翡翠原石も、人が手を加えて磨かない限りは、ただの石ということである。

新潟県、越の国へ

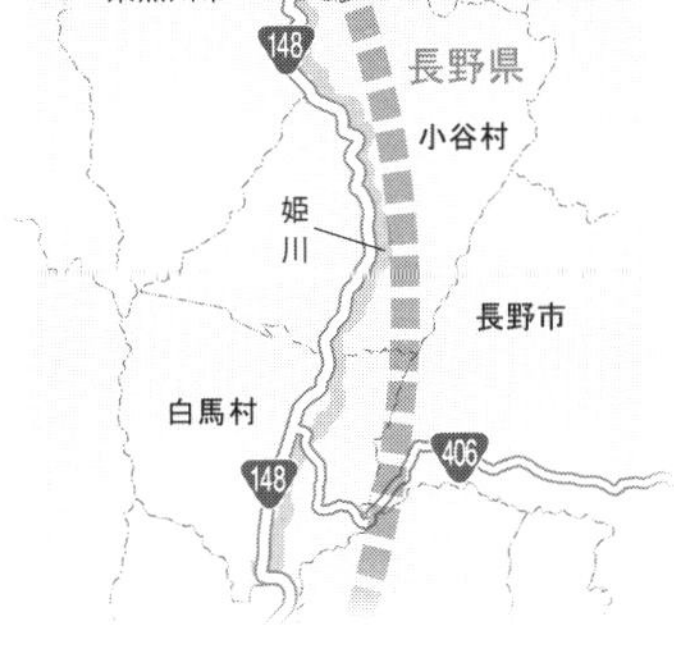

今でも翡翠が拾える糸魚川周辺の海岸

翡翠探し

短期集中、猛烈に勉強して得た答えが、すぐ近く、いわば足元にある糸魚川翡翠。距離にして45キロほど、道が整備された今なら50分もかからない距離だ。「幸せの青い鳥を探して、何十年もかけて世界中をさまよったのち我が家にもどると、庭の木の枝で青い鳥がさえずっていた」みたいな感覚になった。

昭和47年（1972）、12歳の時から白馬に暮らし、しょっちゅう出かけている新潟県糸魚川市。そこで採れる翡翠なら、子供のころから知っているし、海岸でそれらしい石を探したことも何度もある。昔は今のように「翡翠ハンター」という言葉もなく長閑《のどか》なもので、近所のお年寄りが海岸線を散歩がてらに翡翠をひょいひょいと拾っていた。僕も見よう見まねで綺麗な石を拾ってみた。自分で拾った石がはたして翡翠なのかどうか、全く分からない僕は、散歩しながら石を拾っているおじいちゃんに石を見てもらっていた。結論から言うと、どれ1つとして翡翠であったためしがなく、かわいそうに思ったおじいちゃんが、ちょこっとだけ翡翠が混じった石を分けてくれた。当時は歴史的な意味合いなど知る由もなく、糸魚川で採れる宝石の1つ程度の認識でいた。ターコイズのような派手さは無く、いかにも日本人が好む「わび・さび」の石という感じの翡翠だが、綺麗に磨かれた翡翠には子供のころから興味があった。バイクや車の免許を取得した昭和50年代、糸魚川駅周辺のお店で販売されていた翡翠製品も、ドライブがてらに何度か見には行った。価格の高さから希少な石なのだということは分かったが、製品として販売されていたペンダントやブローチは、どちらかといえば中高年の女性向けという印象を受けた。当時は勾玉という形の作品はあまりなかったと記憶している。その後自分でショップ経営を始め、ネイティブアメリカンジュエリーを取り扱うようになってからも、糸魚川に行くたびに翡翠製品のチェックは欠かさなかった。しかし自分が求めているジュエリーとはちょっと違うなということで、購入したことは一度もなかった。

糸魚川翡翠

翡翠のモース硬度（鉱物の硬さを表す尺度の1つ）は、6.5から7。ダイヤモンドが10で、水晶が7なのでそれほど硬い石ではない。しかし翡翠は細かい繊維のような結晶が絡み合った石なので、割れにくい性質を持っている。ダイヤモンドのモース硬度は10でとても硬い石だが、一定方向から力を加えると、翡翠よりも割れやすい。もちろん翡翠といえども石目を見極めてハンマーで叩けば、ものの見事に割ることができる。

「翡翠という石の色は」

という問いかけには、多くの人が「緑色」と答えるだろう。僕もそうだった。

糸魚川で産出する翡翠は5色あり、産出量が多い順に、白、緑、紫、青、黒となっている。純粋な翡翠輝石でできた石は、実は白なのである。翡翠輝石にオンファス輝石が混ざってできた石が緑色となり、古代から珍重されてきた。それ以外の色も鉱物の要素がからみあって、独特の色合いの翡翠になっている。歴史上からみても、どうしても緑の翡翠ばかりが尊ばれるが、ほかの色の翡翠や、色が混ざった翡翠も味があって面白い。上質な翡翠が採れるミャンマーには、赤やオレンジ、ピンク、黄色の翡翠もあるが、糸魚川の翡翠は上記の5色である。

姫川支流、小滝川翡翠峡

青海川上流、橋立翡翠峡

糸魚川や富山の海岸では、翡翠を拾うことができる。国の天然記念物に指定されている個所を除けば、個人が海岸や河原で拾った翡翠を持ち帰ることは自由だ。親子連れからセミプロの翡翠ハンターまで、宝石探しが気軽に楽しめるのが、糸魚川周辺の魅力である。きちんと研磨加工すれば高価な宝石になる石を、散歩がてらに拾える場所は他にはないだろう。目が慣れてくれば一日に数個拾うこともあるそうだが、宝石質の翡翠は、セミプロのハンターでも稀にしか拾えないとのこと。僕はまるで駄目で、クズ石に近い翡翠ですら拾えたためしがないし、そもそも見分けがつかない。それでも海の無い信州に暮らしているので、潮風に吹かれながら、いつか拾えるかもしれない翡翠を夢見て、海岸をのんびり散歩するのは至福の時間である。

どうやって手に入れるか

「ターコイズを用いたネイティブアメリカンジュエリーを扱ってきた経験を活かして、日本人のための守り石を用いた新たなジュエリーを制作する」

目標が定まり勉強してきた結果、糸魚川翡翠にたどり着いた。糸魚川で販売されている翡翠製品にはあまり魅力を感じなかったが、ジュエリーの素材として糸魚川翡翠を使えないものだろうかと考えた。糸魚川市内のお店でもジュエリー制作用の翡翠ルースを販売しているが、いわゆる定型のカボションがほとんど。

「縦○ミリ、横○ミリ、高さ○ミリ。このサイズで20個」と指定された形のルースを、0.1ミリの誤差もなく、きちんと作るのが宝石研磨職人さんの仕事である。本場ならではの翡翠としての価値という点では、綺麗な色で透明感もあり値打ちのある確かなものだが、僕の魂に訴えかけてくるルースは1つもなかった。

「希少価値が高い上質の翡翠が欲しい人には、糸魚川で購入してもらえばいい。新たなジュエリーを企画するにあたって僕が求めているのは、職人の手の温もりが伝わる、味のある翡翠」

そのためには僕がイメージするルースを、形にしてくれる宝石研磨職人さんと出会わな

糸魚川市内、至る所に翡翠原石が展示されている

ければならない。また、少しでも手ごろな価格でジュエリーを販売するためには、完成したルースを卸価格で分けてもらうようにしなければならない。

糸魚川市には「糸魚川ヒスイ商組合」という平成21年（2009）に設立された組合があり、商工会議所が事務局である。組合員は「糸魚川市に在住し、糸魚川市内で翡翠の加工、卸・小売事業を営む者」となっている。規約の第4条には、「産地業者としてのモラルの向上」と「製品・商品の正しい表示法の研修」が謳われている。つまり合法的な方法により所持している糸魚川翡翠を用いて商売をされていると、糸魚川市が認めた業者ということだ。「合法的な」などと書くと物騒な感じだが、採集が禁止されている場所や、他人の所有する山に分け入り、ハンマーで砕いて持ち帰る、いわゆる「盗掘翡翠」が市場に出回っているのは事実である。また今でもそうだが糸魚川市内の店で、ミャンマー産の翡翠を用いた製品が多数販売されている。

僕はミャンマー産の翡翠が良いとか悪いとか言っているのではなく、しっかりと表示してほしいと昔から思っていた。長年扱ってきたネイティブアメリカンジュエリーも、「本物、偽物入り乱れ」の業界だった。それが嫌で、時間をかけてアメリカ南西部を回り、作家本人から直接仕入れるという、手間のかかる方法をとってきた。そうすることでお客さんとの信頼関係を築いてきた経緯がある。

ゆえに、これら違法な方法で売られている翡翠や、産地が判別できない翡翠を使用することは、僕のポリシーに反することであり最初から考えていなかったので、糸魚川ヒスイ商組合加盟業者さんから分けていただきたいと願っていた。

息子と組む

「日本人は糸魚川翡翠を守り石にしていた」ということがおぼろげに見えてきたころ、はじめて息子に「父さんが糸魚川翡翠を仕入れて、お前がジュエリーを作り、ショップで販売したい。少々大げさだが『翡翠プロジェクト』と名付けて、メイド・イン・白馬のジュエリーを全国へ発信したい。一緒にやらないか」と話を持ちかけた。

息子の岳《がく》はジュエリー制作の専門学校を卒業し、平成21年（2009）の4月から自身のジュエリー工房「GacU」を立ち上げてシルバージュエリーを制作していた。工房名は自身の名前そのものの「ガク」を「GacU」と表記している。プロになって4年目。まだ作品の方向性も、プロとしてやっていけるかどうかも定まっていない時期である。僕の経営する「森の生活」でも息子の作品は取り扱っている。手ごろな価格で、いい作品を作るので人気もある。

息子だから、親だからと贔屓目に見るつもりはあまりない。確かに0ではないのは認める。作家として、独り立ちしてほしいと願っているし、息子自身と将来の家族が食っていけるように、売れる作家になってほしいと願っている。モノづくりの先輩、また20年以上ジュエリーを扱ってきたショップの主の立場から「丁寧な、いいジュエリー」を作る作家として、僕は「ＧａｃＵ」を認めていた。後はオリジナル性というか、コンセプトが確立できれば、さらに良くなる、道が拓けると思っていた。

子供のころから今までも、息子とはよく遊んでいるほうだと思う。息子はスノーボードで僕はテレマークスキーなので、一緒に雪山を滑ることはあまりないが、それでも共通する話題や趣味は多い。バイクでツーリングにも行くし、イワナ釣りや写真撮影、低山トレッキングにも出かける。ただし、「この仕事、組まないか」と息子に打診するのには勇気がいった。「森の生活」の主とジュエリー作家という関わりならいいが、「仕事でオヤジと組むのは嫌だ」と断られるのではないかと思った。

「父さんほど翡翠に思い入れを持たなくていい。お前は翡翠を、あくまでジュエリー制作用の素材の1つとして大胆に使い、今まで通り丁寧なシルバー仕事をすればいい」

との誘いに息子も乗ってきた。

今まで息子はターコイズやラピスラズリ、人造ダイヤなどを用いてジュエリーを制作していたが、これらの石はいわば海外から取り寄せた既製品だ。御徒町の宝石店かネット通販で、誰でも気軽に手に入れられる素材である。やはり息子も「自分ならでは」「この地域ならでは」の素材を使って、オリジナルのジュエリーを制作したいと考えていたのだ。

出会い

事前に糸魚川市内やフォッサマグナミュージアム内にあるギャラリーショップで下調べし、研磨が綺麗で丁寧な作品を制作されている業者さんを2社ピックアップしていた。直接交渉も考えたが、2社とも糸魚川ヒスイ商組合に所属されているので、まずは組合を通してからが礼儀かなと考えた。

平成24年（2012）7月13日。何はともあれ、糸魚川ヒスイ商組合の事務局である商工会議所に連絡を入れてみる。

「ジュエリー制作に使用する翡翠ルースを、こちらの希望する形に作っていただける業者さんを紹介してほしい」

と、こちらの希望を電話で伝える。念のため文書にしてFAXも送る。事務局の返答は「組合に諮って返答します」というもの。僕は物事を始めたらガムシャラに、どんどん話を進めたい性格なのだが、ここはしかたがないのでしばらく待つことにした。2日、3日、5日待ったが返事が来ない。もう一度電話する。次回の会合はまだまだ先とのことで、話はまるで進んでいない。「これは乗り込むしかないな」ということで、6日目に糸魚川へ。

商工会議所で所長さんに会い、中途半端な気持ちで、糸魚川の大切な宝である翡翠を分けてくれと言っているのではないことを伝えるため、2時間近く話をする。事前に下調べした業者さんの名前を挙げ、直接交渉したいので最初だけ連絡を取ってもらうことはできないかと伝えると、すぐに電話を入れてくれた。電話をしていただいたK工房の方が、偶然にも糸魚川駅付近におられ、3分で来てくださった。

K工房のNさんは女性一人で、J工房の翡翠製品を糸魚川市内や近県のお店に卸したり、ネット販売の管理などをされたりしている。「息子とともに翡翠を使って新しいジュエリーを作りたい」という話を真剣に聞いてくださった。ご自身では翡翠製品の加工はしないが、僕の希望する形の翡翠ルースをJ工房に伝え、納品することは可能だと言ってくれた。

さらに彼女は、翡翠を用いて既存の製品にない新しいジュエリーを模索していたのだと話してくれた。糸魚川には翡翠加工の職人はたくさんいるが、それを用いてジュエリーを作る彫金作家や、企画する人がいないとのこと。新しいジュエリーのコンセプト、魅力的なデザイン、さらに今までと違う新規のお客さんへの販売ルートなど、とても一人ではできないと思っていたという。初めて会う僕の「翡翠プロジェクト」の話を聞き、心が弾んだと言ってくれた。

近いうちにＪ工房の職人さんを連れて、白馬に出向くことを約束してくれた。

糸魚川翡翠プロジェクト

ルート66のご縁

こちらが希望する形に研磨した翡翠ルースを卸してもらうという、最大の難関は、糸魚川に直接乗り込んだおかげで一気に話が進んだ。あとはNさんが連れてきてくれるという、J工房の職人さんと僕たち親子との相性がいいかどうかだ。いい作品を作り上げていくうえで、関わる人みんなの相性の良さは、非常に重要である。作品を手にするお客さんはそういうことを敏感に感じ取り、チョイスされているからだ。

約束した7月23日に翡翠加工の職人さんであるJ工房のTさんを連れて、Nさんがやってきた。車から降りたTさんは、「森の生活」の外観をまじまじと眺めている。一見して僕より一回りは年上の男性だ。やさしそうに見えるが、近寄りがたい職人の雰囲気もある。そうか…。翡翠という、いわば純和風な宝石の職人であるTさん。白馬にありながらこんなアメリカンなショップとは思っていなかったのだろうな。僕は正直、取引を断られるのではないかと心配した。

初対面のあいさつを交わし、店内を見ていただく。展示しているネイティブアメリカンジュエリーをじっくりと見られ、「なるほど。この感じですね」とおっしゃった。

そこですかさず、ネイティブアメリカンジュエリーのコピーを作るつもりはまるでなく、翡翠を使ったオリジナルのシルバージュエリーを息子とともに作りたいのだと、これから始めるジュエリーのコンセプトを彼に伝える。

●まず何より若い人、さらに男性が身に着けたくなる、今までにない、かっこいい翡翠シルバージュエリー
●ジーンズから和服まで似合うデザイン
●オーダーメイドをメインとし、同じ作品はふたつと作らない
●そして一番重要なのが、若い人でも、少し頑張れば手の出る価格帯の翡翠シルバージュエリー

さらに販路に関し、糸魚川が今まで培ってきた翡翠販売の功績や市場に迷惑をかけないこととして以下のことを伝えた。

●新しい翡翠シルバージュエリーは、「森の生活」20年のシルバージュエリー販売実績を核

として、新たな顧客、需要を開拓する。つまり糸魚川で手に入るものは、糸魚川で購入していただく

●糸魚川翡翠製品と共存共栄できる作品を目指し、共に糸魚川翡翠の広報、普及に努める

僕の話を聞いたTさんは「実に面白い。そういうことを発信してくれる人を求めていました。ぜひやってみましょう」と言ってくれた。

●糸魚川は翡翠の産地であり、産業として翡翠製品を50年以上生産してきた

●しかし伝統工芸ほどの歴史こそないが、年月を経て製品の閉塞感というかマンネリ感がある

●つまり購入層が限られた、似たり寄ったりの製品が蔓延している

●「糸魚川翡翠」というブランド、いわば宝物に依存して、研磨技術にしても、新しい製品開発にしても、新しいことに挑戦しよう、勉強しよう、研磨技術を向上させようという意欲、努力が、業界全体的に欠けている

というような、糸魚川翡翠業界に長年身を置いておられるからこその、ありのままのお話をしていただいた。

「ところで話は違うけれど」と前置きされてから、「しかしこの店は、若いころに見ていたルート66という番組そのままの店ですな」と、なんとも意外な一言。実はTさんは若いころからルート66に興味があったとのこと。レジ横に置いてある僕の本『ルート66、66のストーリー』（ほおずき書籍）を見つけ、その場で購入していただいた。なんとTさんは、ルート66ファンなら誰もが羨む6月6日生まれ。しかも初めてお会いしたこの時の年齢が66歳。まったく作り話のようなエピソードだが、それを聞いた時、僕は鳥肌が立ってしまった。

「この出会いは運命だ。翡翠プロジェクトは絶対うまくいく」

と確信した瞬間だ。

それから一気に会話が弾み、特注品のルース制作と、J工房が所有する正規の糸魚川翡翠を、Nさんを通して卸販売することを約束してくれた。

Tさんの工房へ

ついに「翡翠プロジェクト」がスタート地点にたどり着いた。僕と息子で翡翠ルースのデザインを何個も描き、挨拶がてらにTさんの工房へお邪魔した。糸魚川で半世紀以上、翡翠をはじめ様々な宝石加工をしてきた現場である。狭い廊下の奥にある作業場には研磨機やドリル、石材の切断機などがぎっちりと配置されている。どれも長年使いこまれていて、黒光りしている。ネイティブアメリカンジュエリー作家の工房で、ターコイズや珊瑚の研磨を拝見したが、卓上に置かれた小さな研磨機だった。それにくらべるとJ工房は、まさに石材加工工場の規模である。そして足元や机の上には、翡翠原石を板状にスライスしたものや、2～3センチ角にカットされた板石が、小箱にガサッと放り込まれている。蛍光灯の引きひもにも、翡翠の丸玉が結びつけられている。

糸魚川翡翠は限りある資源の宝石である。J工房ではなるべく石材持込みの仕事を受注し、昭和初期から自社で保有する貴重な翡翠を今に至るまで大切に、小出しに販売してきたとのこと。一流の宝石店からの依頼で最上級の翡翠製品を制作するためには、ヒビや石目、皮と呼ばれる周りにある部分は切り取られ、いわば処分されてきた。Tさんは今まで二束三文扱いされてきた切り捨て部分も、ストラップや根付など、独自のアイディアで様々な商品にして販路を広げてこられた先駆者である。以前僕がフォッサマグナミュージアムのショップで見つけた手ごろな価格のストラップも、J工房で制作し、K工房を通して納品していた作品だった。そう、Tさんこそ、糸魚川翡翠＝高級品という、いわば「ブランド」に寄りかかった業界の現状に、一石を投じた先駆者だったのだ。

「糸魚川の宝、貴重な翡翠ですからね、アイディアを出してカケラまでとことん使いますよ」

「地元の若い子が、翡翠の魅力を感じて、産業として引き継いでいってもらわないと、我々がやっている意味がない」

出逢えたのがTさんで、本当に良かった。僕は最初から高級品は求めていない。その高級品を1個作るために切り捨てられた部分のいいとこ取りで、翡翠ルースを作ってほしかったのだ。なによりすごいのは、今もたくさんの翡翠を所有されているJ工房の、いわゆる「切り捨て部分」は、他では一級品クラスの翡翠だということである。

僕と息子は、今までの糸魚川翡翠ルースにはない形のデザイン画を渡して、様々な色や模様のある翡翠を用いてルースを作ってくださいと伝えた。「翡翠＝緑」あるいは「翡翠＝中高年の女性が身に着けている」という、固定化されたイメージを覆すルースを求めたのだ。

僕たちが求める翡翠

ターコイズは、明るい水色一色の石が最高級品とされている。それこそデパートや高級宝飾店に並べられている、プラスチックで出来たようなターコイズである。僕はネイティブアメリカンジュエリーを長年扱ってきたので、水色一色ターコイズには何の魅力も感じない。マトリックスやウェブと呼ばれる黒や茶色の模様があり、他の鉱物が表面に出ていたり、多孔質な石ならではの穴があったりするターコイズが大好きだ。翡翠に関しても全く同じで、最高級とされる若竹色のろうかん翡翠は求めていない。そういう翡翠は、その翡翠を所有するのにふさわしい人が、糸魚川で買えばいい。様々な色、模様、石目などが表情豊かに交じり合って、ハーモニーを奏でるような翡翠を、僕たちは求めていたのだ。緑もいいが、真っ白や青、紫、あまり人気のない灰色、ゼブラ模様の白黒翡翠も、きっといい作品にする自信がある。翡翠の石の価値では勝負しない。翡翠シルバージュエリーとして完成させて価値を出す。お客さんが翡翠シルバージュエリーを見たときに、

「えっ、これ翡翠なの。違う石みたい」

と思わず口にするような、味のある翡翠を用いた、かっこいいジュエリー。僕と息子はそれを

目標とした。

Tさんが制作した翡翠ルースは、一つ一つに色の違いとともに表情があり、温かみがあった。しかも、完璧な鏡面仕上げ。糸魚川市内のショップや道の駅などでも、他の方が制作した翡翠製品を見てきたが、J工房の作品に施された研磨技術は群を抜いている。確かに勾玉や大珠などのプリミティブな作品であれば、鏡面仕上げでなくても、少々研磨が甘くても、味があっていいと思うのだが、ジュエリーの素材として使うルースは別物。表面に薄く水を打ったかのような、深くて艶のある仕上げでなくてはならない。丸や楕円形、四角形など形がシンプルなだけに、ごまかしがきかない。職人の高度な研磨技術が要求される、シビアな品なのだ。

届いたルースを何度も手に取り、大きさや重さの感触を楽しみ、光に透かして浮かび上がる色や模様を楽しんだ。手にするたびにうっとりと、幸せな気持ちになってくるオリジナル翡翠ルース。さぁ、翡翠は届いた。あとはかっこいいシルバージュエリーの制作だ。

彫金仕事

息子のシルバーワークは、一つ一つ形の違うルースに合わせて、厚さの違う銀板をそれぞれ切り抜き、曲げ、叩き、削って形を作っていく、手間のかかる仕事だ。ネイティブアメリカンジュエリーが用いるシルバー925、つまりスターリングシルバーよりも割高な、シルバー950をメインに使用している。柔らかなロウを削った原形を元に、鋳造技法でいくつも同じコピー作品をつくる「ロストワックス製法」と違い、1つの作品に0から100までの仕事量がかかる。また穴あけや仕上げの磨きなども、ほとんど電動工具を使わずに仕事をしている。これは彼がもっとも影響を受けたネイティブアメリカンの作家が、ターコイズを用いてジュエリーを制作するのと同じ工法である。形や色の違うルースと対話するように、周りのデザインを決めていくのだ。そうすることによって、たとえシンプルな作品でも、すべてが1点もののジュエリーとなる。

僕もそうだが、制作時間を尋ねられるのはあまり好きではない。なぜなら僕たち作り手は、時給で仕事をしているわけではない。何時間かかったかで作品の金額を決めることはあまりしないのだ。ジュエリーのデザイン1つ決めるのにも、場合によっては何枚も絵を描き、デザインとルースに見合ったシルバーの厚さを、パーツごとに選んでいく。シルバーをロウ付けするための銀ロウも、あらかじめ細かく切り、バーナーを当てて小粒状態にしておく必要がある。使う道具の手入れや掃除など、事前に、あるいは作業後にやらなければならないことも多い。

そして実際にジュエリー制作作業である数時間から数十時間がさらに加算されるわけで、単純に制作時間をはじき出すことなど、しょせん無理な話なのである。

作り手である僕たちは、手間のかかる仕事でさえ、年間にすれば数十点から100点前後の作品を生み出すことになる。作品が1つ売れれば、100のうちの1つが売れたことになる。しかし買ってくださるお客さんにとっては、1点が「全て」であるということだ。特にジュエリーの場合、お客さんは身に着けて日々を過ごし、外出し、友達にも会う。いい作品を手にしていただければ、その作品が次のお客さんを連れてきてくれる。作り手として常に念頭に置いておかなくてはならないのは、一点一点に全力で取り組む姿勢である。

シンプルジュエリー

プロジェクトを始めたころは、翡翠シルバージュエリーにおいて、僕はプロデュースと販売に徹していた。翡翠の説明書やポスターを作ったり、ブログで「翡翠プロジェクト」のことを紹介したりしていた。息子とともに描いたルースの絵を、Tさんに作っていただく。そのルースを「森の生活」に来店されたお客さんに見ていただき、僕がオーダーを取る。

オーダーメイドを受けると謳っても、お客さんのほとんどは、自らが希望するジュエリーのデザインを絵に描けるわけではない。まずは数ある翡翠ルースの中からお気に入りを選び、ペンダントにするのかブレスレット、リング、ブローチにするのかを決め、デザインを打ち合わせていく。お客さんの希望を聞きながら、その場で僕がラフスケッチを描いていく。絵にすることで、お客さんにも完成品の様子が伝わるので手っ取り早い。ここまでが僕の仕事。2階のジュエリー工房で仕事をしている息子を呼び、作品化の最終打ち合わせをする。デザイン画を描けたとしても、物理的に、あるいは強度的に制作できない場合もあり、お客さんに手直し箇所を説明しながら作品のイメージを完成させていく。お客さんも技術的な説明を直接聞くことができ、作家の顔が見えるので、安心してオーダーすることができるというわけだ。

かつてネイティブアメリカンジュエリー作家とともに、カスタムオーダーメイドジュエリーを、失敗を重ねながらも作ってきた経験がここにきて活きてくる。日本とアメリカ、日本語と英語、センチメートルとインチという、距離や言語やスケールの違いがなく、お客さんとともにその場でスムーズに打ち合わせができる。このことは「森の生活」の、オーダーメイド翡翠シルバージュエリー最大の利点である。

初期のころは石の良さをそのまま生かした、シンプルなペンダントやリングを中心に制作させていただいた。Tさんが磨いた大きめの翡翠ルースそのものの魅力をストレートに表現するには、シンプルなデザインが一番いい。シンプルとはいっても息子はジュエリーの表側であるベゼル、石留めの方法をいろいろと工夫し、一つ一つのジュエリーに個性を持たせた。翡翠は透過性のある石なので、シルバー台座の裏に穴を開けて、裏からライトを当てると、光が透るようにした。石の内面の色を楽しんでもらうため、翡翠シルバージュエリーを購入した人のみ

シンプルペンダント。翡翠の色、形、大きさが全て違うので、どれもが世界にたった一つのジュエリーとなる

裏からライトを当てると翡翠の魅力的な色合いが楽しめる

制作中のシンプルペンダント

が見ることができる工夫だ。せっかく穴を開けるのだから、お客さんの要望によりイニシャルや大好きなもの、例えば猫とか星とかのシルエットを切り抜くことにした。表面は綺麗な糸魚川翡翠。人には見せない裏側には、その人ならではのモチーフ。しかも光を透し、翡翠の色を見る楽しみもある。このアイディアはとても喜ばれた。

シンプルなペンダントは価格も手ごろで人気が高いが、制作者である息子にとっては、工夫を凝らしたといっても「翡翠ルースに枠をつけただけ」の仕事なので、モチベーションの維持が大変。当然ながらもっと手の込んだ、自分ならではのジュエリーを作りたいという欲求が生まれてくる。それは制作者としては当然のことで、さらに上を目指してもらわなければ、販売する僕もつまらない。

ジャパンビューティー

シンプルジュエリーとともに、僕たちならではのオリジナルデザインを施したジュエリーを開発したい。初期のころは息子と二人で、オリジナルジュエリーのデザインについて長時間にわたり議論した。「かっこいいジュエリーとは」「今までにないジュエリーとは」『メイド・イン・白馬ならではのジュエリーとは」など、お互いに絵を描き、意見をぶつけ合った。親子でなければ、喧嘩別れするような場面も度々あった。翡翠という石と、シルバーで制作したジュエリーは、よほどのことがない限り、壊れてしまうことはない。完成してから数百年残る可能性もある。そこまで先のことは考えなくてもいいが、少なくとも20年以上、好きでいてもらえるジュエリー、お客さんに喜んでいただける作品を生み出すのは、容易なことではない。

二人で意見を出し合う中で共通する感覚として、日本の守り石を使うなら、どこか和のテイストがあってもいいのではないかということ。翡翠はどちらかというと「わび・さび」のあるしっとりとした石なので、そのままでも和のテイストはある。さらにシルバー部分にも独自の

ダブルオーバーレイ技法を用いた翡翠シルバーリングの制作

デザインを加え、どことなく〝和〟を感じるジュエリーにしたい。それなら日出ずる国のジュエリーなのだから、サンバーストを取り入れてみてはどうだろう。サンバーストは世界中のプリミティブなデザインにも必ず登場するパターンなので既知感もあり、シンプルで嫌味のないデザインだ。ナバホもホピも、よく用いるモチーフである。ただのコピー作品にならないよう、お互いデザイン画を何枚も描き、デザインを詰めていった。新しいペンダントのデザインを決め、いよいよ制作だ。

サンバーストのパーツは、ダブルオーバーレイ技法で制作し、盾のように湾曲させる。ベースとなる平面のシルバーにベゼルを取り付け、サンバーストパーツと組み合わせる。

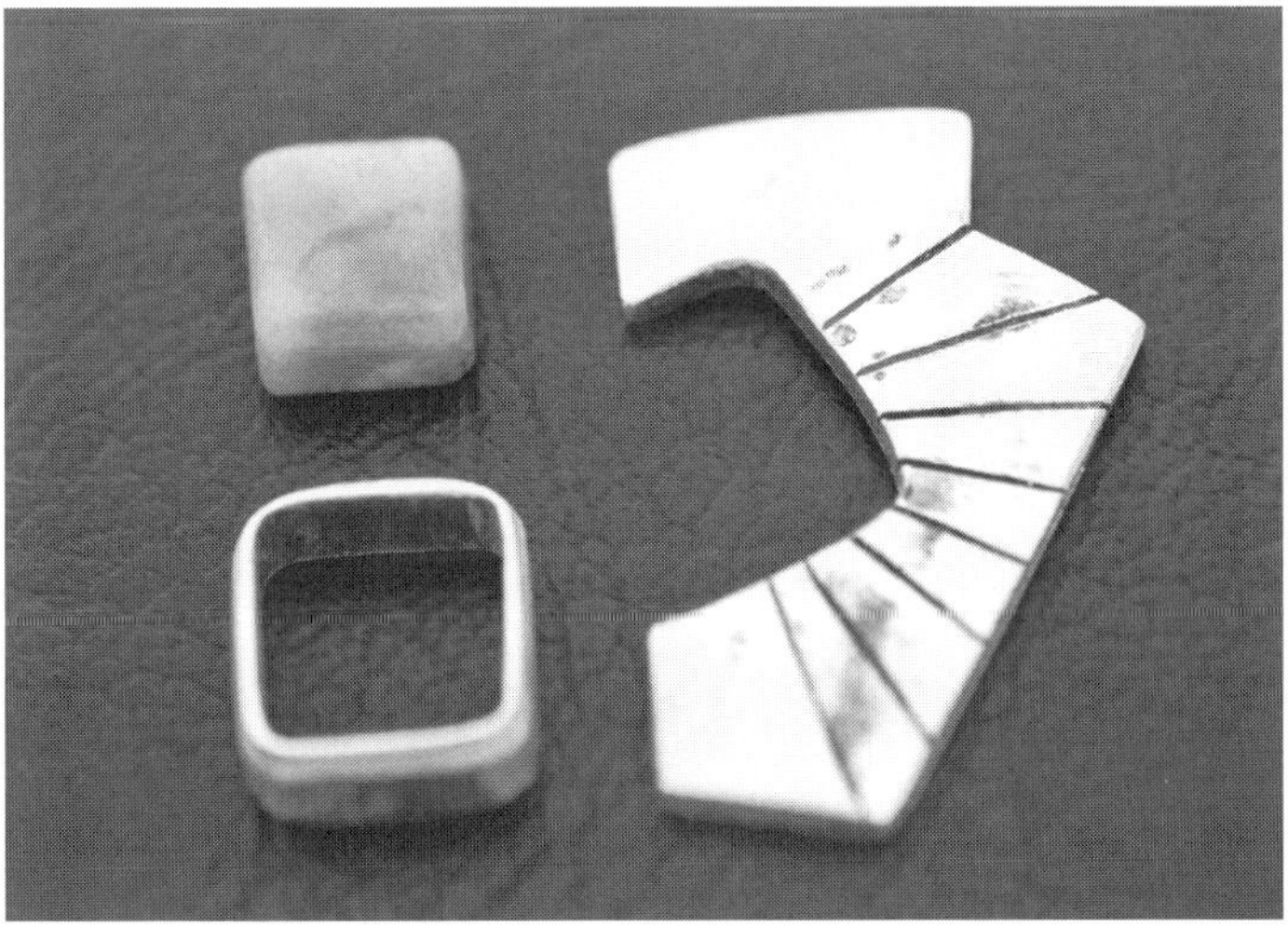

四角の青翡翠ルースに合わせて、周りをデザインして制作していく

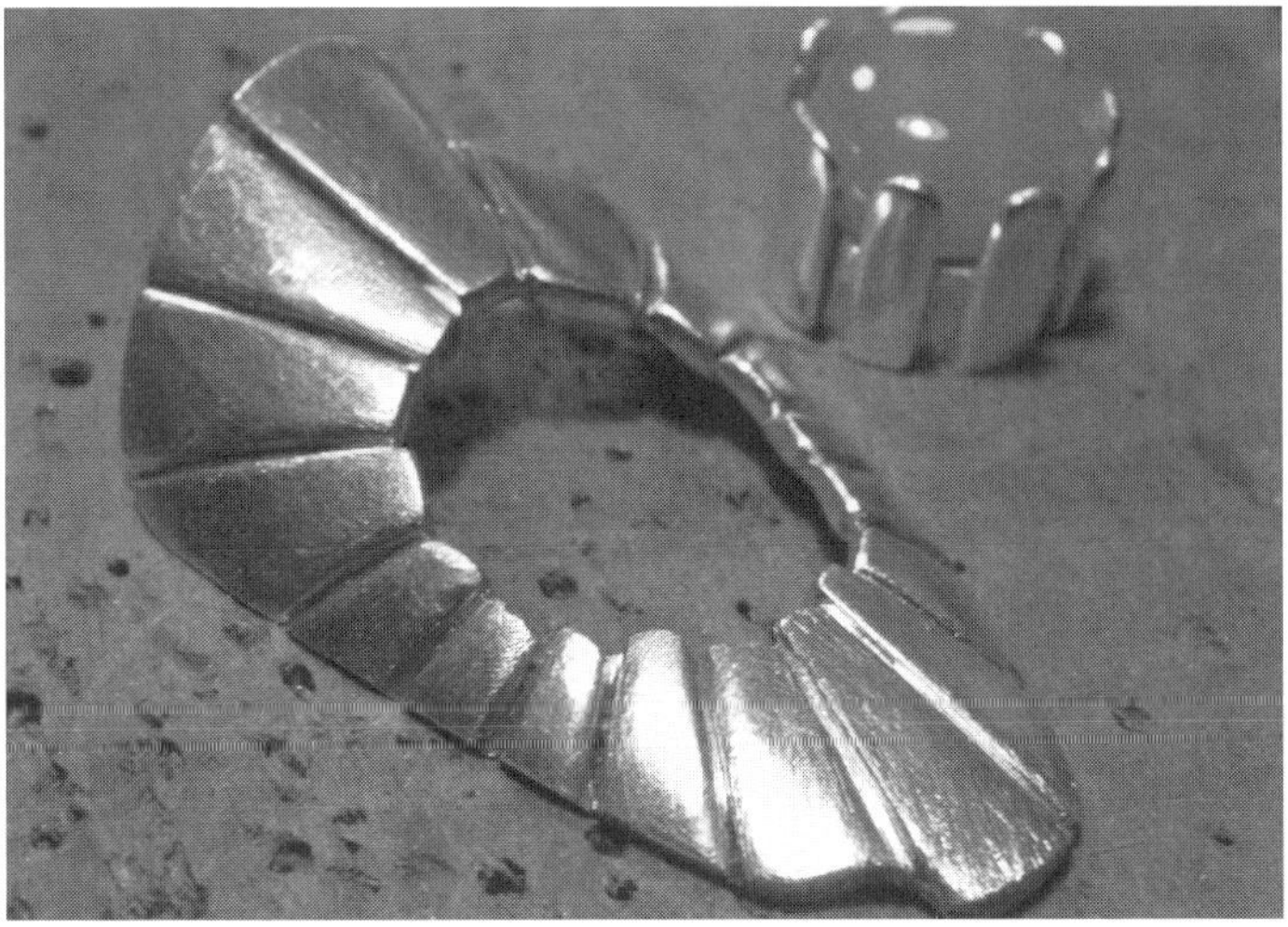

ジャパンビューティー独特のデザインと形

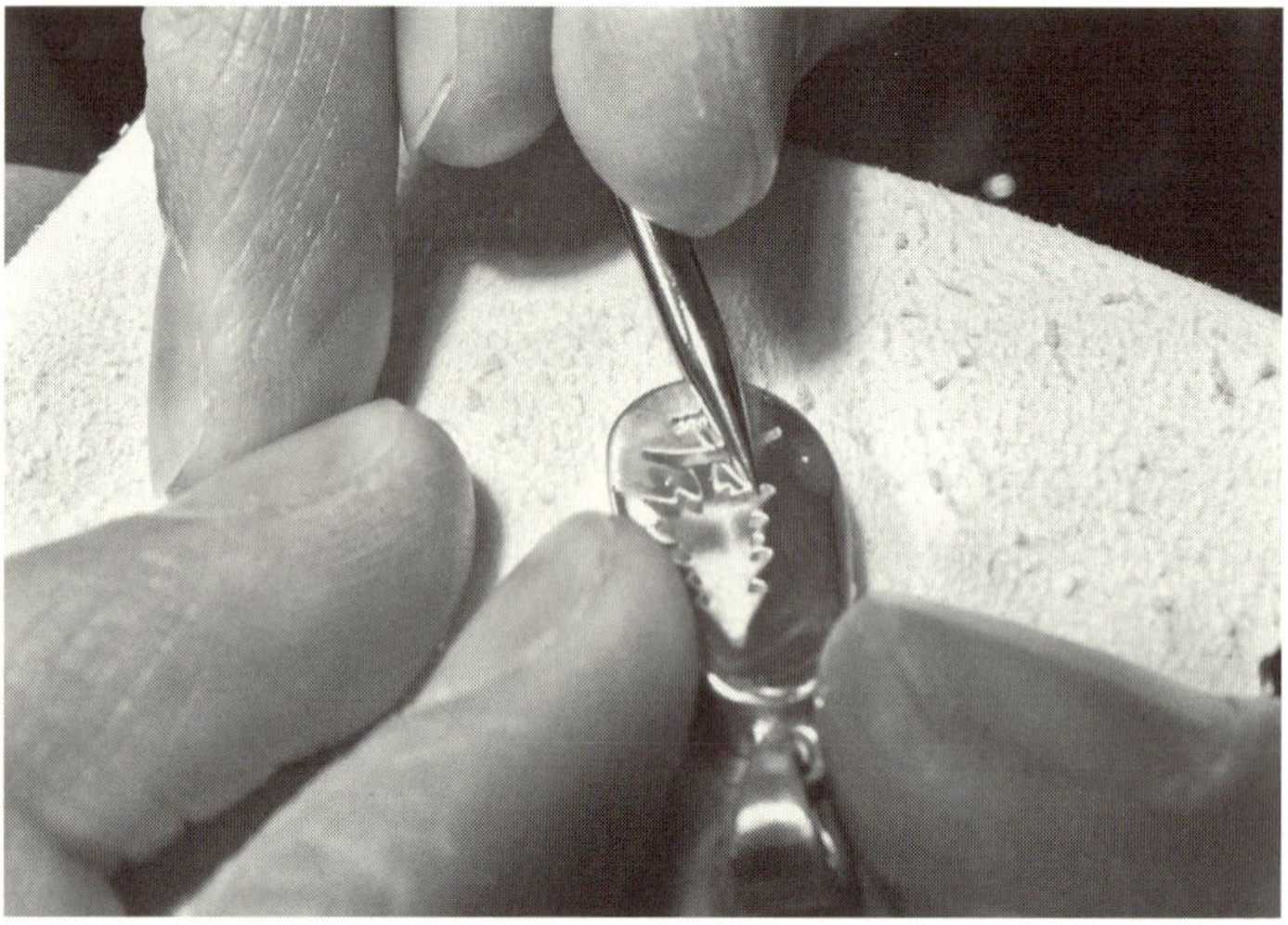

シルバーペンダントの磨き作業。電動工具を使わず、手作業で艶を出していく

手磨きされたジャパンビューティーペンダントのクローズアップ

その際、湾曲させた部分が物理的に曲がらないように、数か所に足をつける。湾曲した部分がベースと一体となるようにすり合わせる。最後に翡翠を石留めし、バリを落とし、ヘラがけで鏡面仕上げにして完成だ。文章にすると数行だが、この作業は手の込んだペンダント2個分以上の仕事量となる。当然のことだが、この新しいジュエリーもすべて一点もの。同じ作品はこの世に存在しない。

完成した新作は、この上なくかっこよく、温かみのあるペンダントになった。シルバーの使用量も多いので、心地よい重量もある。「森の生活」は男性の常連客が多い。彼らはシンプルなジュエリーよりも、もう少しガツンと心に響く、ヘビーな作品を求めていた。このデザインなら男性でもきっと手にしたくなるだろう。さらに手がかかるが、小振りに作れば女性にも愛される逸品にもなる。僕たちはこのデザインを用いたジュエリーを「ジャパンビューティー」と名付けた。

「森の生活」に並べた数点の作品を見て、今までネイティブアメリカンジュエリーを買い続けてきてくれた常連さんが、次々とジャパンビューティーをオーダーしてくれた。ルート66ファンやハーレー乗りの厳《いか》つい男性が、こぞってジャパンビューティーを讃えてくれた。彼らに僕たちのデザインが、すんなり受け入れてもらえたことは本当に嬉しかった。

「糸魚川翡翠を用いて、男性でも欲しくなるかっこいいジュエリー」という画期的な作品が、ついに完成したのだ。

息子の作り出す翡翠シルバージュエリー作品がさらにレベルアップしたわけだが、僕も何か、今までやったことのないことに挑戦してみようと思っていた。

翡翠研磨に挑戦

研磨を学ぶ

今まで「森の生活」でネイティブアメリカンジュエリーを買っていた常連さんを中心に、翡翠シルバージュエリーのオーダーがポツポツと入るようになってきた。完成したジュエリーを受け取りに来られて、手にした瞬間のお客さんの表情や喜びの笑顔が、何よりも嬉しかった。中にはショップの中でうれし泣きする人もいて、そこまで喜んでいただけたことに僕たちも感動した。プロデュースと販売に徹していた僕だが、こんなに喜んでいただける「作品」にもっと深く関わりたいとの欲求を抑えることができなくなった。かつてアメリカで見て、やってみたいと思っていた宝石研磨…。「そうだ、翡翠の研磨を習得して作品作りに加わろう」と、途方もないことを決めてしまった。木やクレイを彫ったり、削ったりして渓流魚の立体作品を作ってきたのだから、翡翠加工も何とかなるだろうと気軽に考えていた。やると決めた以上はどんどん進むのが僕である。さっそくTさんに連絡を取り、翡翠の研磨を習いたいと熱い思いを伝えた。「いいよ、いつでもおいで」ということで、日を決めて糸魚川に行くことにした。これは後から人に聞いた話なのだが、今までJ工房の仕事場に入れてもらえた人も、ましてや秘中の秘である研磨工程を教えてもらった人もほとんどいなかったそうだ。

小割された翡翠原石。さらに切断し、板状にしていく

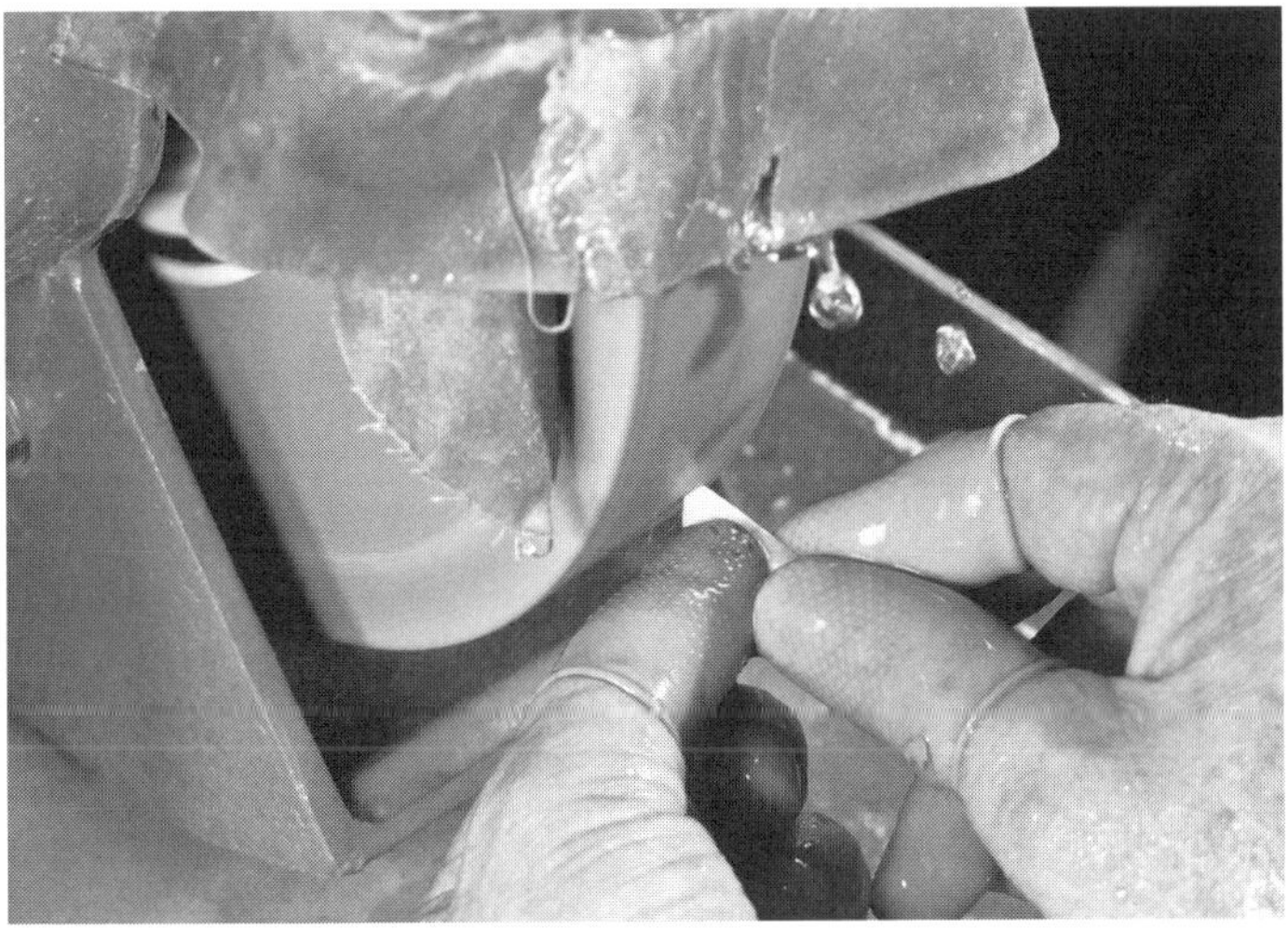

外形を成形するＴさん

約束の日、お昼休みが終わるころに工房に到着。午後1時からいよいよ研磨の勉強が始まった。ド素人の僕がいきなり高価な糸魚川翡翠を使うわけにもいかないので、Tさんが用意してくれた四角形のネフライト原石を使う。ネフライトのモース硬度は翡翠よりわずかに低いが、研磨加工における硬さは翡翠とほぼ同じだそうだ。石の表側を決め、定規で楕円を描き、形を削り出す作業から修業が始まった。原石に研磨用の金属棒を、松脂を用いて取り付ける。研磨作業はこの棒を持って行う。Tさんがまず見本を見せてくれる。整形は目の粗い回転砥石で行う。棒付けされた四角の原石が、たちまち楕円状になる。硬い石がみるみる削られていくのは、まるでマジックを見ているようだ。

「翡翠ルースはまず裏側から」ということで、船底と呼ばれる部分を研磨していく。爪留めされるルースは、底の部分が平よりも、少し反っていたほうが安定する。船底が綺麗にできるようになれば、表面も制作工程は同じなのだとのこと。J工房では研磨にベルトサンダーを使用している。もちろん業務用の大きなマシンだ。整形は湿式で、艶出しはヤスリの目を細かくして乾式でというふうに、数台のベルトサンダーを使い分けている。最終仕上げは別室で、特殊な方法で施される。残念ながらこの作業内容は、先代から受け継ぐ秘伝なので公表できない。船底が完成したらいったん金属棒を取り外す。今度は船底側に金属棒を取り付け、ルースの顔となる表面の研磨作業をしていく。今回Tさんに見せていただいたのは、船底の最終研磨までだ。

一通りの作業を見せていただいた後「さあ、これが研磨工程のすべて。機械は自由に使っていいから、好きにやってごらん」と、Tさんは自分の仕事に戻られた。「習うより慣れろ」なのは承知だが、生まれて初めて石を削るので、ドキドキする。金属棒に取り付けられたネフライトを、恐る恐る回転砥石に当ててみる。ガリガリガリッとすごい音とともに、手に伝わる振動がすごい。同じ個所を砥石に当て続けると、あっという間に片減りしてしまう。気を抜くと回転する砥石に、石が持っていかれて、手からはじけ飛んでいく。顔や目に当たれば大怪我をする恐れもある。いわゆる「五十の手習い」は、極度の緊張感から始まったのである。

艶が出た瞬間

それでもしばらく削っていると、すぐに慣れてきた。ペンで描いた線にピタッと合わせて削り、綺麗な楕円が出来上がった。続いては湿式のベルトサンダーを使って船底作りだ。周辺の角を落として徐々に丸みをつけていく。大切なのはヤスリの面に対して、常に石を動かし続けること。30年以上何かしらモノを作ってきた経験があるので、コツさえわかれば呑み込みは早い。ほぼ綺麗な船底ができた時点でTさんに見ていただく。ルーペで僕の作った船底を見たTさんに「ここと、ここに削り残しがあり、全体のバランスが悪い、もう少し丁寧に」「ヤスリに当てているとき、石のどの部分が研磨されているのか、手で感じて研磨しなさい」と指導していただく。

なるほど、肉眼で見る限り綺麗だと思った船底も、ルーペで見るとガタガタで、ひどい状態だった。Tさんにルーペを借り、少し削っては確認を繰り返した。確かに、自分ではその場所を削っているつもりでも、拡大して確認すると全く違う個所が削り取られている。指先のわずかな力加減で、全体を段差なく、やさしく丸めていくのがどれほど大変なのかを思い知った。手ごわい仕事だ。直径わずか15ミリの楕円の面積が、とてつもなく広く感じた。

なんとか納得のいく船底の形を作り、乾式のベルトサンダーに移動。目の細かいヤスリで撫でるように、優しく滑らすように、研磨していく。乾式ベルトサンダーで石を研磨していると、手に持つ金属棒もかなり熱くなってくる。石を触ると火傷しそうなくらいだ。「そうか、そのためにこの棒を取り付けるんだな」と納得する。目の細かいヤスリを取り付けた乾式ベルトサンダーだけでも、かなりの艶が出るものだ。素人目にはこれで十分だと思えてしまう。さらに

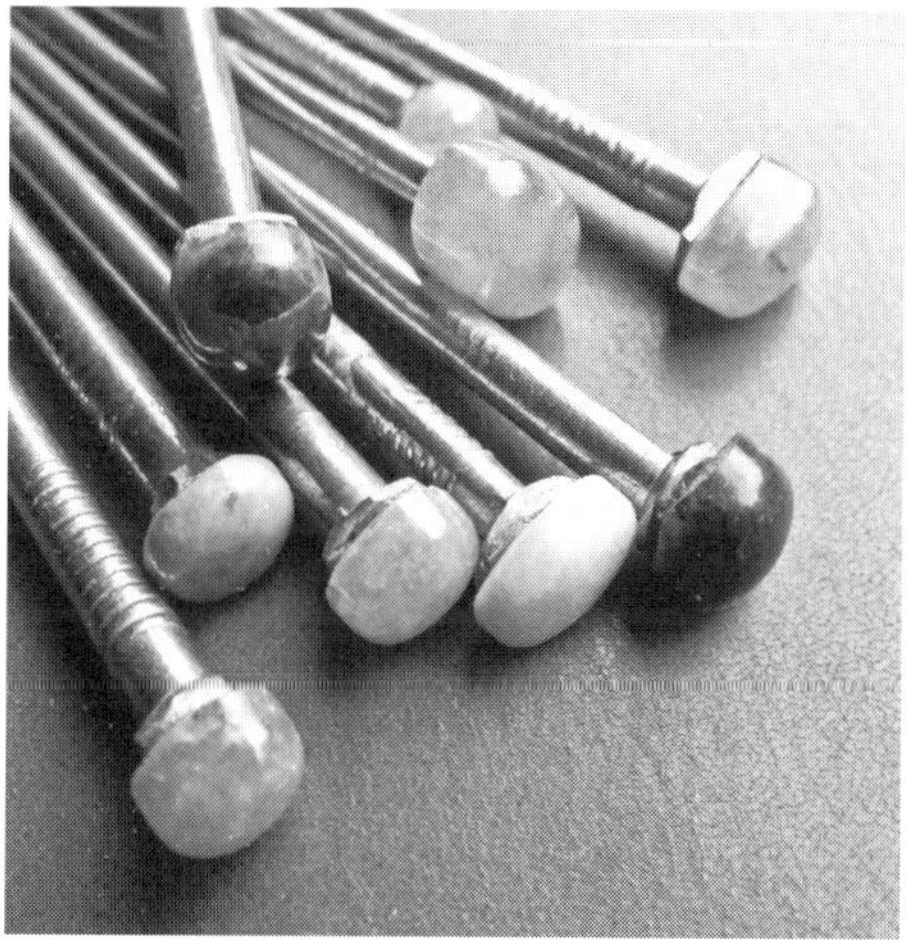

翡翠に限らず、宝石ルースを加工する際は、ドップスティックと呼ばれる棒に石をセットして研磨する

別室に移動し、秘伝の技法で最終研磨。先ほど、もう十分艶が出ていると思った石が、光り輝いているのだ。

「うわっ、宝石だ!!」

機械を止めて布でカスをふき取とり、船底を見た途端に僕は思わず叫んでしまった。作業開始から完成まで30分ほどだと思っていたが、なんと4時間の時が流れていた。これほど夢中に、一心不乱に物事に取り組むのは、何年振りだろう。

道具を手作り

Ｊ工房でＴさんに教えていただいた翡翠研磨の講習は2日間のみ。どちらも午後から夕方までなので、合計で8時間ほど。あとは自分で練習を重ね、数をこなしていくしかない。もちろん我が家には研磨加工の道具が一切ないので、自宅で研磨ができるように器具を揃えなくてはならない。穴を開けるためのスタンド付きドリルは、手持ちのものがある。僕は勾玉は作らないので、翡翠に穴を開けることは無いのだが、必要となればダイヤモンドドリルビットのみを購入すればいい。

それ以外には研磨機と石材カッターが必要だ。プロ用の機材は揃えるだけで何十万円から百万円もする。また購入できたとしても大きな器具を置く場所がない。卓上タイプの研磨機と石材カッターをネットで探してみたが、シンプルなもので各10万円前後もするので、似たようなものを自分で作ることにした。石のカットや研磨には水が不可欠なので、普通の電動工具は使えない。目を付けたのはホームセンターなどで販売されている、家庭用包丁研ぎ器。備え付けのタンクから水を垂らし、水平に回転する砥石に包丁をあてて研ぐタイプだ。水研ぎを前提に作られた電動工具なので安心して使える。

まずは回転する砥石の部分を取り外す。番手ごとの耐水ペーパーを張り付けたアクリル板を、ワンタッチで交換できるアタッチメントを工作する。作っては試しを繰り返し、いい感じのパーツができた。10センチ四方のアクリル板を何枚も作り、同じ大きさに切った耐水ペーパーを張り付け、アタッチメントにはめ込む仕組みだ。10センチ四方に決めたのは、ホームセンターで販売されている耐水ペーパー1枚から、4枚取れるようにしたからだ。見た日はあれだが、なんとか使える研磨機に仕上がった。廃材や使用済みのCD－Rなどを使っての手作りなので、器具本体に改造費を加えても1万円でおつりがくる。

翡翠やほかの石を切断するカッターは、磁器タイルをカットする器具をオークションで手に入れた。こちらも湿式タイプなので安心して使える。ただし純正のダイヤモンドディスクは、タイル用に刃厚が約2ミリとかなり分厚い。試しに翡翠を切断してみたが、小さな板石3個ほどで、電着されたダイヤモンドがすべて剥がれ、火花が飛びだした。しかも分厚い刃に削り取られ、貴重な翡翠原石を切断するたびに、ロスする割合が多くて使い物にならない。ネットで見つけた石材専用の0.3ミリ薄刃のダイヤモンドディスクを取り付けられるよう、同じくアタッチメントを改造した。こちらは本体、改造費で2万円ほど。どちらも消耗品の耐水ペーパーやアクリル板、高価な石材用ダイヤモンドディスクなどが、ランニングコストとして必要になってくる。それでも既存の器具を改造したことで、一通り揃えて5万円以内という低コストの初期投資で、翡翠研磨をスタートすることができた。

手作りの器具で翡翠の研磨加工をする筆者

ひたすら研磨作業

研磨機を手作りしてからは、毎日欠かさず翡翠を研磨した。最低でも2時間、長い日だと6時間くらい、翡翠研磨に打ち込んだ。最初のころは板石の翡翠がなくなってしまうほど削っても、綺麗な形のルースが作れなくて難儀した。成形がうまくいくようになっても、まったく艶が出なかった。ヤスリの番手をいろいろと交換したり、ほかの研磨剤を試したりしたが、表面の濁りはなかなか取れなかった。手を変え、品を変え何度やっても艶が出ない日々が続いた。壁にぶち当たるたびに糸魚川のTさんの工房に行き、ヒントをいただいた。

やっと艶が出せるようになるまでに4か月かかった。自信を持ってTさんに見せにいくと「うん、綺麗になってきたな」と褒められる。しかしTさんが磨いた石と並べると、まったくというか、ほとんど艶がない。足元にさえ全然追いついていない。この道40年以上、プロの職人さんが研磨した翡翠と比べること自体、失礼で無謀な話である。しかし比べるもの、目標とするものがなければ、自分の研磨技術を向上させようという意欲は湧いてこない。

研磨の手順を見直したり、ヤスリの番手を変えたりして、さらに研磨の日々。かなりいい艶が出るようになり、肉眼で見た限りTさんのルースに近いものになった気がした。それでもルーペで見ると、薄い膜に覆われているように曇っている。またまた糸魚川へ。

「使っている機材が違うし方法も違う。これだけ磨ければ糸魚川でも十分商売になるぞ」とTさんは励ましてくれる。確かにTさんが使用する業務用の研磨機と、僕が手作りした器具では回転速度がまるで違う。回転速度が遅い器具での研磨の場合、表面のやわらかい部分が、よけいに削り取られてしまう。いわば質の悪いバレル器具で研磨したのが見え見えの、表面がボコボコした翡翠製品のような感じだ。そうならないように、自分なりに道具や研磨素材を工夫して、ある程度の艶は出せるようになった。Tさんが褒めてくれるように、この段階でも販売されている多くの翡翠製品には負けていないと思う。しかし、やはり納得がいかない。自分自身が了解も諒解もできない。僕が目標としているのは、僕が勝手に「Tシャインフィニッシュ」と呼んでいる、糸魚川でもピカイチのTさんの艶である。息子と組んで、それこそ世界に発信できるジュエリーを作ることを目標にしているわけで、この程度の研磨で十分というような、生半可な甘えや手抜き、妥協は許されない。この程度の艶で満足し、製品化したり、販売したりするのは、長年クラフト作家として飯を食ってきた一職人として恥ずかしい。それなら翡翠研磨することなどやめて、ジュエリー制作に参加することは諦めて、プロデュースと販売に徹すればいい。

「渓流魚の立体作品を作れるのだから、翡翠研磨もなんとかなるだろう」という軽い考えは、とっくに吹き飛んでいた。

ついに艶が

自分で新たなことに挑戦する、翡翠研磨を習得すると口に出して決めた以上、後には引けない。引くつもりもない。忙しい時間を割いて、僕のような素人に翡翠研磨の秘伝を教えてくれたTさんにも、なんとか本当に認めてもらいたい。そして、息子と二人で今までにない翡翠シルバージュエリーを作りたい。

　とにかくあきらめずに試行錯誤するしか道はないのだ。器具はこれでいく。自分で手作りした器具のちゃちさが、ネイティブアメリカンジュエリー作家の家で見た感じに近い。自分の身の丈に合った研磨機である。「僕も宝石研磨がしてみたい」と夢見ていたころ、さらには翡翠プロジェクトの原点を思い出させてくれるのだ。高級な道具ではなく腕と知恵と工夫で、納得のいく艶を必ず実現する。クラフト作家としての通常の仕事をこなしながらも、器具を手作りして以来、1日も休むことなく半ば求道者のような日々が続いていた。

　研磨を初めてほぼ1年。最終工程に今まであまり使わなかった研磨素材を、もう一度器具にセットしてみた。以前にも期待して使ってみたがいい艶が出ずに、ほったらかしにしていたものだ。あの時からは研磨工程を、ほぼすべて見直している。とにかくあと一歩、あと1工程なのだ。祈るような気持ちでスーっと撫でるように全体を研磨してみた。しばらくすると手に感じるほんの微かな抵抗が、ふっと無くなったのだ。期待を込めてルーペでまんべんなくチェックする。今までどんなに頑張っても拭き取れなかった、かすかな濁りが消えていた。まるで薄曇に覆われた空が、キリッと澄み渡る青空へと、瞬時にして変わったようだ。鳥肌が立った。石を持つ手が震えた。慌てて階段を駆け上がり、ジュエリー制作中の息子に見せた。一目見るなり息子の目が大きく開き「うわっ、すっげー」の一言。思わずハイタッチ、そして握手。翡翠研磨を初めて344日目、遂に納得のいく研磨工程を探し当て、表面に「水を打った」ルースができた瞬間だった。

やっと見つけた工程で研磨した翡翠を、いくつか持って糸魚川に走った。研磨した翡翠を持っていくたび、さっと見た瞬間に「綺麗になってきたな」「十分商売になるぞ」と褒めてくれるTさんが、今日は無言で石をじっくり見てくれている。J工房にはTさんのほかに2人の職人さんが、長年研磨の仕事をされている。Tさんはその2人にも僕が研磨した翡翠ルースを見せ「この艶を、あのちゃちな器械で磨いたのだから、たいしたもんだ。これ以上教えることは何もない」と。

ううっ、やばい…涙がこぼれそうだ。50過ぎての手習いがここまでできた。

記念すべきあの日にTさんからいただいた「あのちゃちな器械でこの艶を」というセリフは、僕にとって最高のお褒めの言葉である。これでやっと僕も、翡翠プロジェクトのプロデュースだけでなく、ジュエリー制作に参加できる。

優しい色合いの翡翠ルースたち

さらなる広がりを求めて

お客さんにはまず翡翠ルースを選んでいただき、ご希望のジュエリーに仕上げていく

身の丈で販路を広げる

ほぼ1年間の修業により、「森の生活」で自信を持ってお客さんに販売できる翡翠ルースを作れるようになった。Tさんが制作した翡翠ルースと、僕が制作した翡翠ルース。どちらからでもお客さんに選んでいただき、ジュエリーに制作する、メイド・イン・白馬体制が整ったわけである。

翡翠シルバージュエリーを、さらに多くの方に知っていただくためには、「森の生活」での販売だけでは限界がある。僕はショップに縛られない自由な生き方をしており、クローズも多いのでお客さんの数は決して多いほうではない。さらに白馬の店まで来てくださる方はやはり限られてしまう。白馬でショップを経営していると、たいていの人には「スノーシーズンがメインでしょ」と思われている。こと「森の生活」に関しては、冬は全くダメで11月から翌年の4月までの5か月から半年間は開店休業状態が続く。僕の冬シーズンの収入は限りなく0に近い。しかたがないのでここ数年、冬は基本的にご来店の連絡をいただいた時に限りオープンし、あとは「希望の春」を夢見て、極寒の仕事場で作品制作に全力を注いでいる。息子はスノーボードが大好きなこともあり、スノーシーズンはスキー場でバイトしている。まだまだ手仕事だけではとてもやっていけないので、出稼ぎせざるを得ないのが現状である。一般の人から見ると、僕たちクラフト作家は「趣味と実益、気楽な仕事」と、遊びの延長のように映るらしい。いやいやそんな甘いことはないのです、厳しい世界ですぞ。

ネット販売という手もあるが、なんだか味気ないというか、僕自身あまり力を入れたいとは思わない。知り合いのショップに置いていただくこともできるのだが、制作数が少ないうえに、やはり翡翠シルバージュエリーが持つストーリーを、お客さんにきちんとお伝えするには他人では限界がある。今まで無かった真新しいジュエリーなので、よほど翡翠のことが好きなオーナーが、この翡翠シルバージュエリーにほれ込んでいただかない限り、安定した販売に持っていくのは並大抵のことではない。繰り返しになるが、制作数の関係から、取引先を次々増やすこともできない。

残る方法は作品展やフェアに出展して、直接販売していくというもの。この方法なら翡翠プロジェクトのストーリーもきちんと説明できるし、購入者に直接お渡しできる。お客さんも作者の顔が見られるので、「森の生活」での販売となんら変わらない。あとはなるべく出展経費が掛からなくて、感じのいいギャラリーやフェアを見つければいい。

作品展にむけて

翡翠シルバージュエリーを販売していくうえで、僕はなるべく身近なエリアから広めていきたいと考えている。具体的に言うと、糸魚川から松本までの「翡翠ロード」路線上からということ。まずは地元の人に愛されるジュエリーとして販売し、10年スパンで徐々にグローバルな展開へと広げていきたい。販売数や数字を追うのではなく、まずは翡翠宝飾文化を新たな形で復活させるという夢を追いたいのだ。

今まで僕が渓流魚作品の個展を開催してきたギャラリーのうち、安曇野穂高にあるカフェギャラリーに、親子展という形での作品展をお願いしてみた。オーナーご夫婦には翡翠プロジェクトがスタートした時点から、進行状況を伝えていたので、ぜひやってみましょうと快諾していただいた。ただしギャラリーのオーナーからは、「今までの例でいうと手ごろな価格帯のアクセサリーならば数が動くが、高額なジュエリーはあまり売れないよ」とのこと。僕も長年ジュエリーを販売してきているので、昨今ネイティブアメリカンジュエリーをはじめ、シルバージュエリー全般の売れ行きが落ち込んでいるのは承知している。今回は翡翠シルバージュエリーの安曇野初披露ということで、やらせていただきたいと伝えた。

僕の仕事机の前、窓の下のスペースに「やっても売れないと考えるのか、やらなきゃ売れないと進むのか」と、筆で書いた言葉を貼り付けてある。自分の心がくじけそうになった時に、やる気を出すために書いたセリフだ。なにごともやってみなくちゃわからない。まずは少しでも多くの方に知ってもらうことから始めよう。

翡翠シルバージュエリーを制作して以来、初めてとなる作品展に向けて制作を続けていた。安曇野穂高のギャラリーで僕の制作する渓流魚作品とともに、親子で制作している翡翠シルバージュエリーを展示する。確かに糸魚川翡翠は山から姫川に出て、川の流れに運ばれて海まで旅をする石だ。「姫川が育てた渓流魚、姫川が磨いた翡翠」というテーマでディスプレイを考えれば、違和感はないだろう。

安曇野穂高で開催した親子作品展

親子展

平成25年（2013）、安曇野穂高のカフェギャラリーで、人生初の親子作品展が開催された。翡翠シルバージュエリーを制作してから、「森の生活」以外で展示販売するのは初めてのこと。ましてやこの時点で翡翠シルバージュエリーのことは、ほとんど知られていない。作品展ともなれば、最低でも30点以上のジュエリーが必要になる。開催が決まってから作品展までは約半年。その間に息子はシンプルペンダントを中心に、ジャパンビューティーも15点以上制作していた。

ギャラリーの壁面を利用して、翡翠を川底の石と見立てて僕の渓流魚作品の間にランダムに並べ、会場全体で川の流れと、石（翡翠）に隠れながら泳ぐ魚を表現した。ジュエリーをケースに閉じ込めて展示するのではなく、直接壁に取り付けられるよう、板に結び付けてディスプレイした。「見ていて楽しいコラボ展ですね」と、来場者の評判もよかった。

約2週間の展示で、予想以上の多くの方に見に来ていただいた。親子展という形式、糸魚川翡翠を用いたジュエリーということでマスコミ取材も多く、新聞や情報誌を見て会場に来てくださった方が多かった。「森の生活」の常連さんもたくさん駆けつけてくださった。また、「森の生活」も大塚のことも全くご存じない来場者も多く、作品に一目ぼれしてご購入いただくケースも多かった。「高額なジュエリーはなかなか売れない」というジンクスを打ち砕き、今までで最高の販売数を記録した。1つの作品を制作するのに数日から1週間を要するジャパンビューティーシリーズの価格は、シンプルデザインジュエリーの倍以上するが、作品展会場でもよく売れた。そのことは「翡翠の石の価値では勝負しない。翡翠シルバージュエリーとして完成させて価値を出す」という僕たちの願いが実を結んだことを意味する。安曇野穂高での親子作品展は、これからも恒例化していきたい。さらに今後は糸魚川翡翠シルバージュエリー単体での作品展企画も、少しずつ増やしていきたいと考えている。

糸魚川翡翠鉱物展

新潟県糸魚川市で平成23年（２０１１）から開催されている「糸魚川翡翠鉱物展」は、糸魚川翡翠を中心に、様々な鉱物、天然石、化石などを集めた展示販売会である。11月の初旬に開催され、２日間で３５００人前後が訪れるという、地方のイベントとしては規模の大きな鉱物展だ。多くの来場者のお目当ては、勾玉や大珠を自身で加工するために使う翡翠原石だ。それ以外のお客さんも色とりどりの鉱物や化石が、手ごろな価格で手に入るということで訪れる。

その道何十年という翡翠加工のプロ集団が軒並みブースを設け、来場者も熟練の翡翠愛好者や、糸魚川周辺の翡翠を熟知した方がほとんどという「糸魚川翡翠鉱物展」。本物の糸魚川翡翠を使用しているといえども、本場の糸魚川からすれば、僕たちはまだまだ未熟者で、いわばアウェイでの展示会ということになる。出展するのにはかなりの覚悟を必要としたが、批判や無視もすべて勉強と割り切り、参加申込書を提出した。

こうして平成26年11月、第4回目の「糸魚川翡翠鉱物展」に出展させていただいた。第2回目にJ工房のブースを一部お借りして作品展示させていただいたことはあったが、出展者として参加するのは今回が初めてである。展示会の前日に会場のセットアップがあり、「森の生活」

第４回糸魚川翡翠鉱物展での「森の生活」ブース

のブースの立ち上げに行ってきた。僕個人はまだ無名のころ、全国各地のクラフトフェアに出展してきた経験があるが、鉱物展は今回が初めてでオロオロするばかり。周りの出展者は全国のミネラルショーを年間10以上回っておられる熟練者がほとんど。ディスプレイも手慣れたものだ。

今回も糸魚川ヒスイ商組合の方々を中心に、全国から計30ブースほどの出展があった。その中で糸魚川翡翠シルバージュエリーという、完成品のみを並べているのは、もちろん僕たちのブースだけである。全国で開催されている鉱物展やミネラルショーの場合、来場者のほとんどが原石や化石、ルースなど、「石そのもの」を目当てに来場される。展示会当日、テープカットののち会場になだれ込んでこられた来場者たちも、我先にいい原石を手に入れようと、糸魚川ヒスイ商組合加盟店の各ブースに群がっている。その後徐々に会場全体にお客さんが広がっていくが、僕たちのブースは、ちょっと浮いた存在という感じだ。いや、それも覚悟の上での参加である。色とりどりの大きな原石をライトアップして展示しておられるブースから比べれば、ジュエリー自体も小さいし数も少ない。気づかれないまま素通りされるたびに、胃のあたりが痛くなってきた。

予想以上の結果

最初はなかなかお客さんが寄り付かなくてヒヤヒヤしたが、足を止めてくださる人が徐々に増えてきた。「全部回ってみて、ここの作品が今回一番欲しいと思いました」とペンダントやリングを購入していただいた。糸魚川市で生まれ育ち、祖母から、または母から譲り受けた翡翠のジュエリーをいくつか持っている女性がブースに来られ、「この翡翠ジュエリーなら、毎日身に着けたいと思う」と購入していただいたときは本当に嬉しかった。詳しく話を聞くと、譲り受けたジュエリーに用いられている翡翠は、糸魚川ならではの上質の翡翠ではあるが、デザインが古臭くてタンスに仕舞ったままになっているそうだ。「糸魚川翡翠を使って素敵な作品にしてくれてありがとう」と言ってくださった。

糸魚川ヒスイ商組合所属の会員さんも次々に見に来てくださり、翡翠研磨が上手だと褒めてくださった。翡翠シルバージュエリーをじっくり見られて、「こういう斬新な作品ができればいいと思っていた。親子でこの作品が作れるなんて羨ましい」と絶賛していただいた。中には高額なジャパンビューティーのペンダントトップを購入してくださる会員さんもいて、こちらが恐縮してしまった。第2回目の翡翠鉱物展で、J工房のブースで展示されていた数点の翡翠シルバージュエリーを見たときから気になっていたという方も数組来られた。「今年からブースで出展されたんですね、前回見た時よりさらにクオリティが上がっていますね」と褒めて

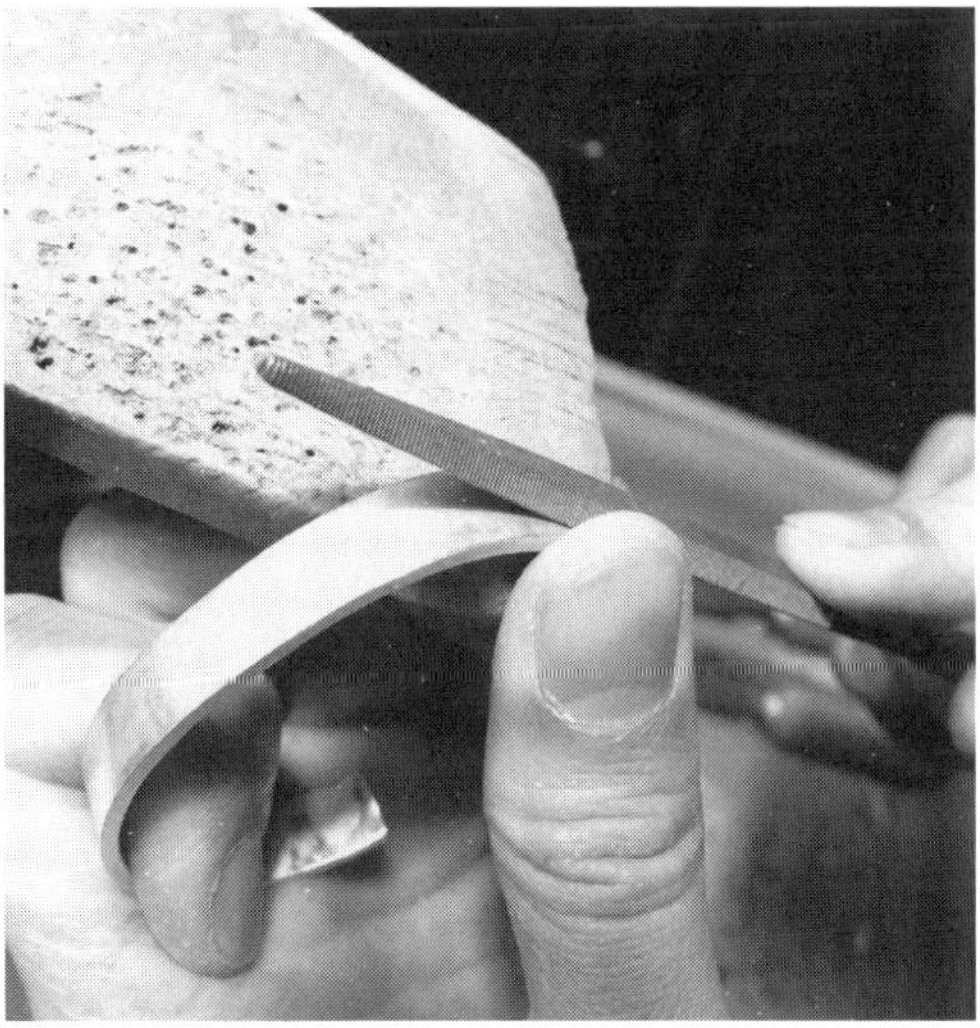
糸魚川翡翠鉱物展でオーダーいただいたバングルを制作する息子

いただいた。そしてなにより、僕のブログをいつも見ていますという方が、10組以上来られたのにはびっくりした。ブログで見て、上越からこの日を狙ってブレスレットのオーダーをしたいという家族も来てくださった。普段「読んでくれている人っているのかなぁ」と、弱気になることのほうが多い「森の生活のあれこれブログ」だが、諦めずに続けてきてよかった。2日間でネット販売を含む数件の取引依頼もいただいたが、今の状態でも手一杯なので辞退させていただいた。

初日が終わるころには、出展前の不安や心配は消えてなくなり、アウェイどころか暖かく迎えていただいたことに、心から感謝の気持ちでいっぱいになった。2日間の展示会が終わり撤収する際も、スタッフの方々から「すごい人気でしたね、お疲れ様でした」と声をかけていただいた。

糸魚川翡翠鉱物展初出展の僕たちとしては、結果は予想以上で、かなりの手ごたえを感じた。もちろん、長年のクラフト作家人生の経験から、いい時があれば、必ず落ち込むときもあることは身を持って体験している。そんな甘い世界ではないことは身に染みついている。1度や2度の好結果に舞い上がることなく、また僕たち自身も驕ることなく、地道に身の丈にあったペースで、ひとつひとつ丁寧な仕事をしていきたいと心を引き締めた2日間であった。

約半年間の撮影で制作されたドキュメンタリー番組。翡翠研磨作業する筆者を撮影中

ドキュメンタリー番組

平成13年（2001）に出版した僕の最初の本『オールドハイウェイ ルート66の旅』（ほおずき書籍）。その本をニュース番組で取り上げていただいた、テレビ信州のプロデューサーIさんとは今も仲の良い友人である。翡翠プロジェクトを始めたころから、糸魚川翡翠が持つ魅力を彼に熱く語ってきた。安曇野穂高の作品展にも来てくれたし、糸魚川翡翠シルバージュエリーのリングを、奥様へのプレゼントとしてご購入いただいたこともあった。

そのIさんから平成25年（2013）の秋に電話をいただき、「大塚が現在取り組んでいる糸魚川翡翠プロジェクトをドキュメンタリー化したい」と打ち明けられた。確かに今までにない切り口で北安曇を紹介できる、ストーリー性のある物語ではある。しかしジュエリーの制作風景といっても地味な絵にしかならないし、そもそも1時間の尺が埋まらないのではないかと心配した。それでも翡翠ロードの路線上から糸魚川翡翠シルバージュエリーを広めていきたい僕たちにとっては、長野県内での番組放送は願ってもない機会なので、長い付き合いのある彼に託すことにした。

僕個人は小学6年生の時に、漫画家を目指す少年として毎日放送で「子供とマンガ」という白黒30分のドキュメンタリーを作っていただいた。さらにルート66関連の著書から、フジテレビ系列「ルート66、風の歌が流れる」という1時間もののドキュメンタリーが全国放送されたこともある。この時は3週間のアメリカロケにも出かけている。そして人生3本目のドキュメンタリーとして、息子とともに取り組んでいる「翡翠プロジェクト」が取り上げられることになった。撮影期間は約半年で、制作風景、遺跡訪問、趣味の渓流釣りやカメラ散歩、作品展、糸魚川翡翠鉱物展など多岐にわたり行われた。僕たちは普段の様子を撮られるほうなので、番組を作るわけではない。どういう切り口で話を進め、まとめるかはディレクターとプロデューサー、カメラマン次第である。

約半年の撮影期間を経て作っていただいた、1時間のドキュメンタリー番組「父と子の輝石北安曇ヒスイロード物語」は平成26年12月27日に放送していただいた。映像で自分を見ると歳相応に老けてきたなと思いつつも、仕事を次世代に引き継いでいくという役割を、少しは果たせたかなとも思う。まだ始まったばかりの糸魚川翡翠シルバージュエリーを、大きく取り上げていただき本当に感謝である。

そして未来へ

平成24年（2012）の夏に始まった「翡翠プロジェクト」は、スローペースではあるが確実にファンが増えている。おかげさまでオーダーが途切れることなく続いている。作品展やフェア出展でも、毎年ご来場いただき購入してくださる方も増えてきた。シルバージュエリーの販売が頭打ちの時代に入って久しいが、こうして少しずつではあるが売れ続けているのも、ファンの方々に支えられてのことである。

「森の生活」店内の作品展示や作品展のためのジュエリーは、コンテンポラリー、プリミティブを取り混ぜ、実験的な新作ジュエリーも含めてワクワクできる作品を披露していきたい。翡翠ルースからチョイスしてのオーダーメイドジュエリーは、お客さんの要望に合ったジュエリーを、希望以上のクオリティで仕上げていきたい。いずれにしてもジュエリーケースに入れたままになるようなジュエリーではなく、いつでも身に着けていたくなる普段使いの翡翠シルバージュエリーを作っていきたい。

僕と息子で制作できる翡翠シルバージュエリーの数は、年間にして100点前後。その中でフラッグシップとなるジャパンビューティーはせいぜい30点から40点。複数ご購入の方が多いので、年ごとに糸魚川翡翠シルバージュエリーを手にできる人は66人前後ということだ。たとえ制作数を上回るオーダーをいただいたとしても、この数以上の制作はできない。だからといって他の人に手伝ってもらって制作点数を増やすことは考えていない。翡翠を産出する姫川源流の地、白馬に暮らす僕たち親子2人が制作した、一点もののジュエリーだからこそ意味があると思うからだ。

またジュエリーのプライスをもっと高くして利益率を上げるということも、僕や息子の生き方やスタイルに反することなので望んでいない。材料のシルバーや翡翠原石の価格が予想以上に高騰した場合は別だが、「若い人でも、少し頑張れば手の出る価格帯の、かっこいい翡翠シルバージュエリーを」という、翡翠プロジェクト開始当初のポリシーは維持していきたいと思う。

うちでも販売したいというショップや、売上好調の大手ネットショップからの取引依頼はいただくのだが、なにぶん制作数が限られているので、今のところ新規取引はお断りさせていただいている。僕たちは翡翠シルバージュエリーを買ってくださるお客さんに、できる限り直接手渡したいと願っている。購入する方にも、僕たちに会っていただき、作り手の想いを知っていただきたいのである。PRのために一部の作品を、自身で管理しているネットショップに掲載しているが、できれば白馬に来て雄大な自然に触れながら、作品をチョイスしていただきたい。同時に糸魚川、小谷、白馬、大町という「翡翠ロード」もぜひ楽しんでほしい。

今のところ「森の生活」のお客さんを中心に国内で販売している翡翠シルバージュエリーだが、いつかは海外の人たちの反応も見てみたい。大好きなネイティブアメリカンジュエリーと、同じ土俵で見てもらいたいと考えている。いずれにせよ、僕たちの身の丈にあったペースで、丁寧に作り続けていくことに変わりはない。プロローグで書いたように、僕の「残りの人生を賭けるに値する仕事」として、この「翡翠プロジェクト」を大きな目標に向けてゆっくりと進めていきたいと思う。

作品の紹介

01

03

02

05-2

04

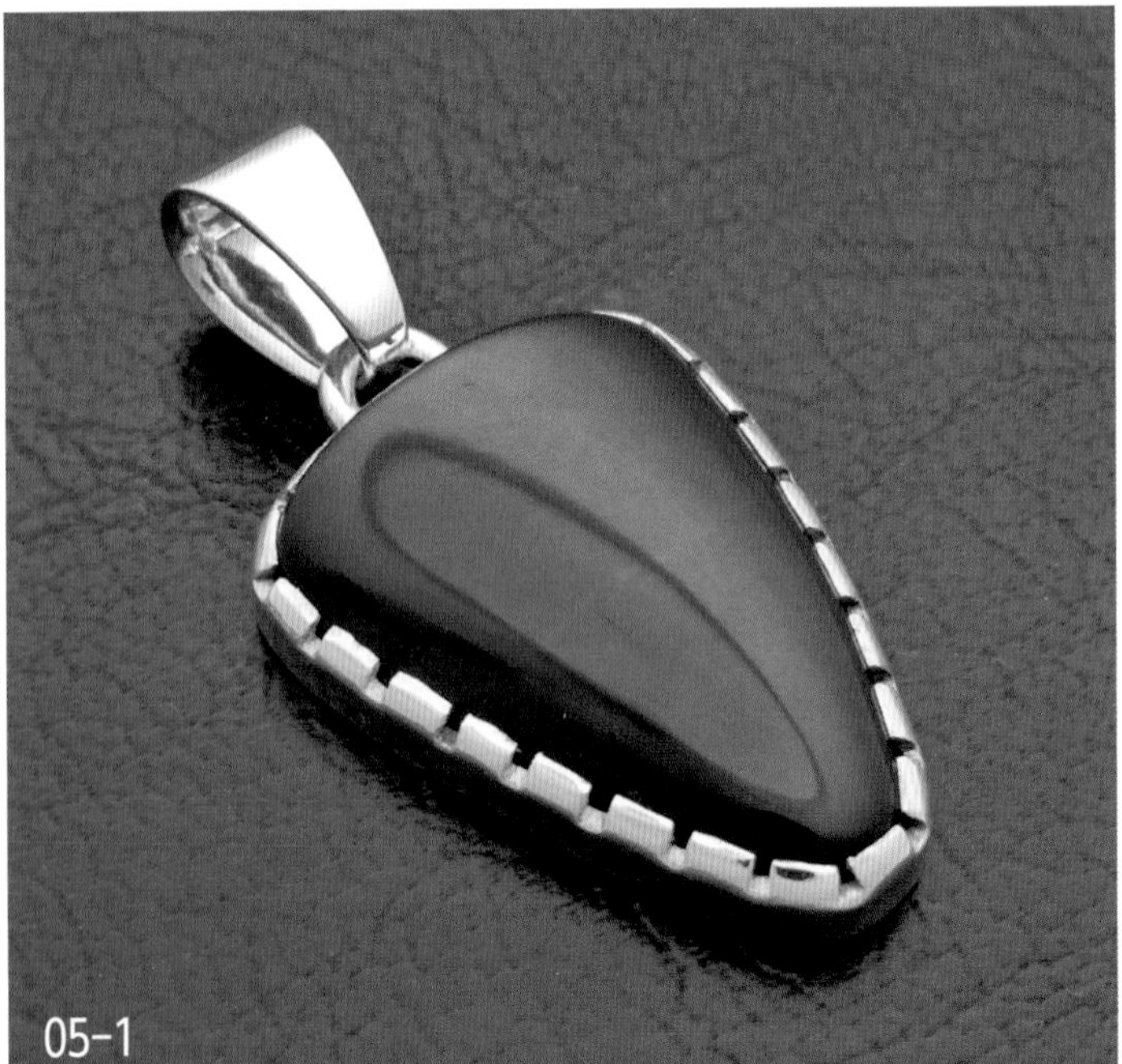
05-1

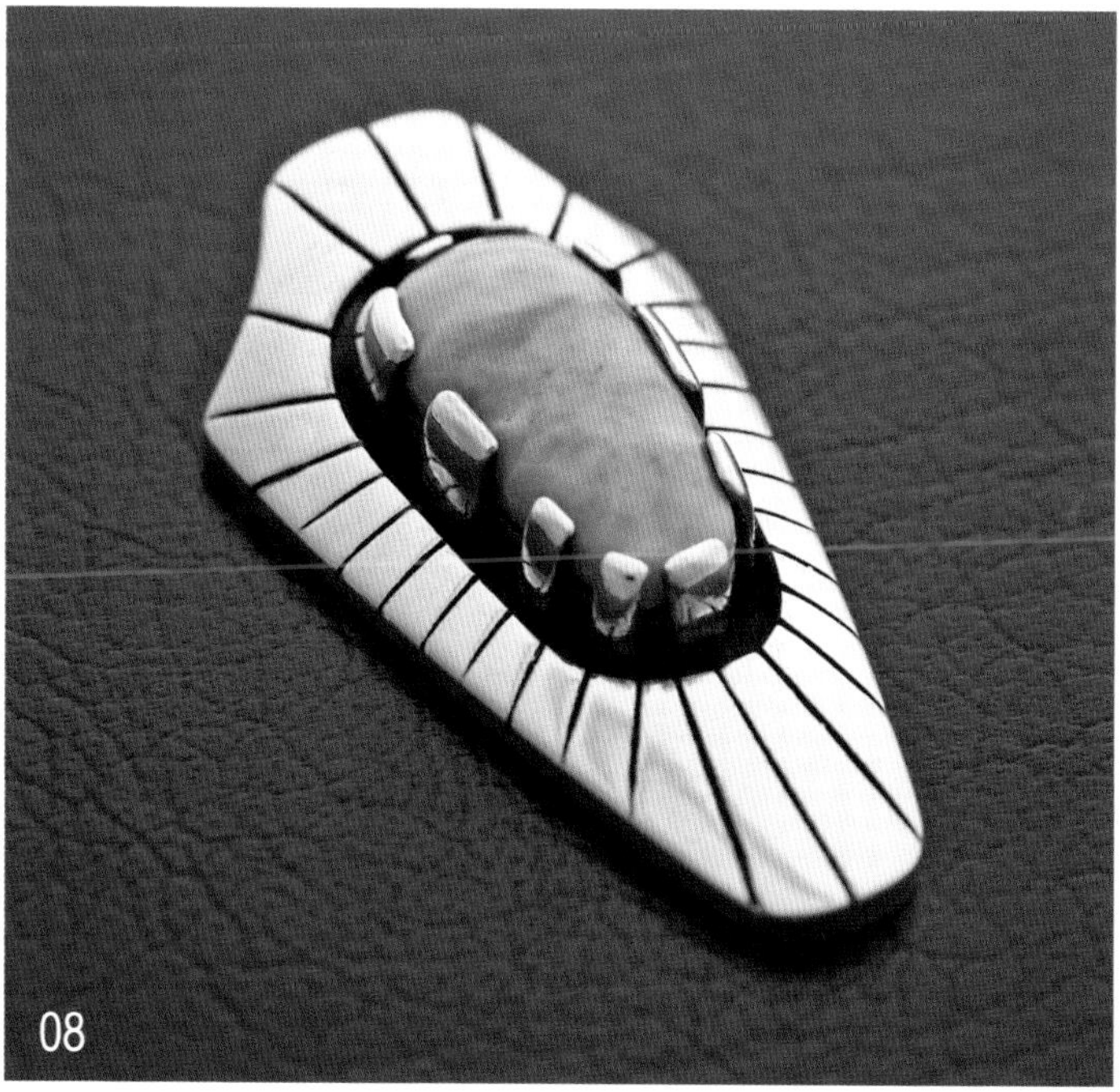
08

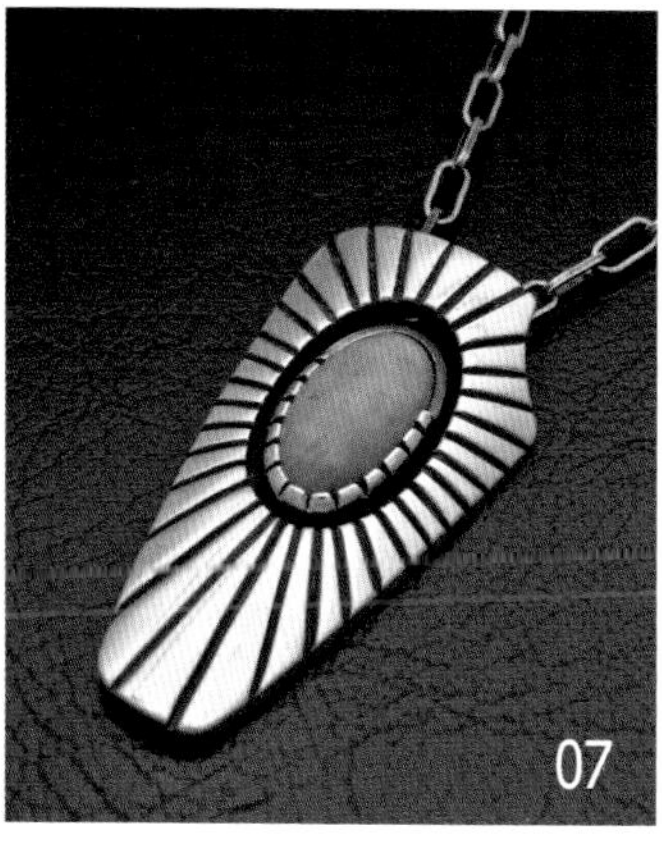
07

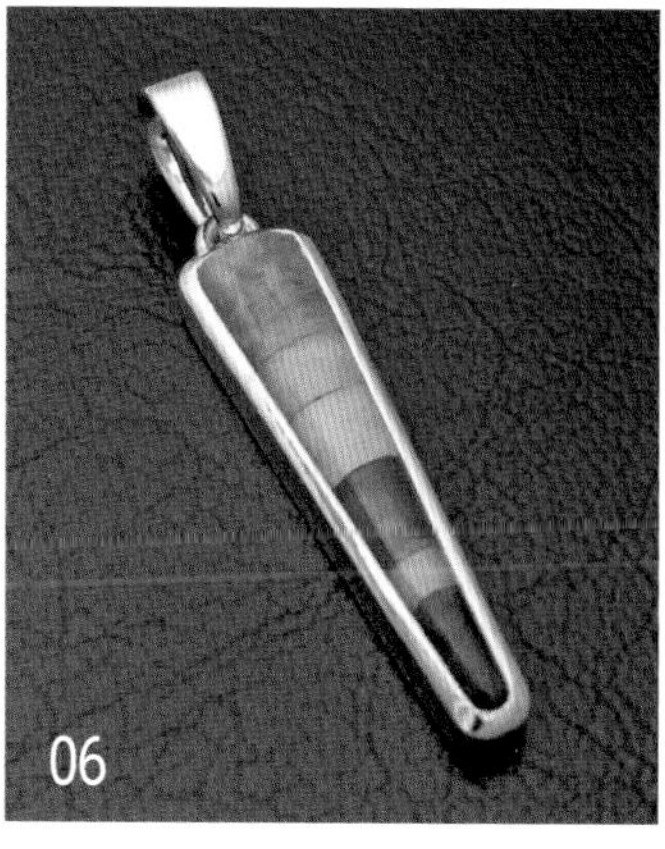
06

09-2

09-1

10

13

12

11

16

14

15-2

15-1

18

17

19

20

21-1

21-2

作品エピソード

糸魚川翡翠シルバージュエリーは、オーダーメイドで作らせていただくことが多いです。世界にたった1つの作品を制作するため、ご来店いただいたお客さんとたくさんお話をしてから、デザインしています。それらのエピソードを、僕の公式ブログ「森の生活のあれこれブログ」で紹介させていただいています。ブログ読者の方から、「作品の紹介だけでなく、手にする方の気持ちや、制作者の思いが伝わってきて楽しいです」という声をたくさんいただいています。

本文にも書きましたが、制作者である僕たち親子にとっては、100個のうちの1つでも、手にするお客さんにとっては大切な一品であることを、いつも肝に銘じて作品制作しています。

今まで制作した多くの作品の中から、ごく一部ですが制作エピソードをご紹介します。ブログ記事から抜粋し、加筆していますので、文体は統一されていません。

01

翡翠プロジェクトがスタートしてすぐのころ、常連さんで初めてオーダーいただいた作品がこちら。

新潟のバイク乗りのお父さんから娘さんへのプレゼントということで、爽やかなラベンダー翡翠を用いて制作しました。娘さんのお年を伺ったところ、6歳ということで、僕たちもびっくり。娘さんのお名前に「愛」の字が含まれているので、シルバー台座裏面にハートをデザイン。このハートの穴から光を透すと、柔らかいラベンダー色に翡翠が優しく輝きます。娘さんが大きくなられても身に着けていただけるようシンプルに、翡翠の美しさを伝える飽きのこないデザインにしました。

02

こちらのオーダーは地元、白馬在住の20代女性。Mさんがチョイスされたのは、糸魚川で産出する中では希少な黒翡翠。黒と白のグラデーションが美しい大きな石です。カスタマーの要望として、大好きな祖父母のイニシャルをデザインしてほしいとのこと。ペンダントを肌身離さず身に着けることで、心がくじけそうになった時にいつも自分を見守っていてくれるようにとのことでした。彼女の話を聞く僕と息子は、涙が出そうになりました。裏面に彼女の祖父母のイニシャルをデザイン。Mさんだけの大切なデザインなので写真は掲載しませんが、完成したジュエリーをお渡しした時の、彼女の笑顔が本当に素敵でした。

03

白馬の魅力を多くの方に知っていただこうと、奥さんと力を合わせてペンションを経営されておられるIさんからのオーダー。選ばれたのは細めで色の綺麗な青翡翠。石そのものが大きくないので、シルバー台座を広めに取り、白馬三山の絵柄を前面にデザイン。宿泊されるお客さんにも好評の、白馬三山オリジナル翡翠ペンダントトップとなりました。

04

今回のオーダーはミュージシャンのKさん。アイドル時代を経て、今でも精力的にご活躍です。東京在住のKさんとは、ツイッター、フェイスブック、インスタグラムでお友達になりました。実は一度もお会いしたことがないカスタマーなのです。ということで今回、「翡翠プロジェクト」初めてのメールのやり取りでのオーダー依頼。

青翡翠と白翡翠、2色の色で制作した特殊なルースを用いてのペンダントトップです。

05

オーダーいただいたのは長野県内の男性。「森の生活」で購入されたネイティブアメリカンジュエリーもいい作品をいくつか所持されています。翡翠シルバージュエリーのコンセプトにご賛同いただき、オーダーしていただきました。漆黒の翡翠を用いてシンプルに。裏のデザインは、パワーの象徴であるベアパウを施しています。

06

今回紹介するのはこちら。「森の生活」超常連、名古屋のTさんからのオーダーです。「翡翠プロジェクト」を始める前から、息子のＧａｃＵジュエリーの大ファンということで、家族全員で何点も作品を所有されているヘビーユーザーです。

この翡翠ルース、すごいでしょ。なんと6色の翡翠パーツを組み合わせて、１つのルースを作り上げるという職人泣かせの仕事です。完成した作品はとてもシンプル。ゆえにいつまでも愛していただける一品となりました。

07

京都の女性からのオーダー。彼女は以前白馬で働いていて、「森の生活」にちょくちょく遊びに来ていた方です。京都に戻ってからも、白馬に来るたびに顔を出してくれます。息子がプロのシルバージュエラーとしてやっていく際、最初の作品を購入してくれたのも彼女です。今回数年ぶりに白馬に来られ、記念すべきジャパンビューティーシリーズのファーストオーダーも彼女となりました。ショップとカスタマー、そういうめぐりあわせの人っているんですよね。パートナーも同時にご購入なので、ジャパンビューティー翡翠シルバージュエリーが京都に2点旅立ちました。和をモチーフにしたジュエリーなので、ちょっと嬉しいですね。

08

初めて開催した作品展で一番人気だった作品。5人以上の方から、購入希望をいただきましたが、真っ先に決められた、穂高在住のHさんのもとへ。Hさんは作品展の前に、「森の生活」で夫婦2人分のペンダントトップをオーダーいただき、作品展会場にも身に着けてこられたのですが、この作品を見た途端、動けなくなったとのこと。翡翠シルバージュエリーのリピート購入カスタマー第一号です。

09

松本市で創作料理のお店を切り盛りするCさん。もともとネイティブアメリカンジュエリーが好きで、「森の生活」とは長いお付き合いです。今回はお母さんと2人で、青翡翠を用いたペンダントトップをオーダーいただきました。研磨する前の原石から選んで、丸と四角のルースを制作。ジャパンビューティー仕上げの一品となりました。松本市内での翡翠シルバージュエリーPRにも、母娘で積極的にご協力いただいています。

10

滋賀県のKさんご夫婦はアメ車乗り。ルート66の大ファンでもあります。「森の生活」を営んでいると、いつかはくるだろうなと思っていましたが、やはりKさん夫婦が口火を切りましたね。ただし、このシンメトリーシェイプでジャパンビューティーを制作するのは至難の業なのです。しかも今回はシェイプだけでなく裏面のデザインが、凝りに凝っています。裏面2層、表面2層、デザインはシンメトリーでビシッと。おまけに、ペンダントのサイズが小さく、なおかつご夫婦でのペアという、とにかく制作者泣かせのオーダーでした。制限されたデザインの中で穴を開ける位置を工夫して、センター配置のラベンダー翡翠にしっかりと光が透るようにしました。

同じものが2つでは面白くないので、サイズとデザインは少し変えています。

僕は翡翠ルースの加工だけなので、いつも通りですが、シルバー制作の息子はかなり苦労していました。とてもいい勉強になったと思います。

11

神奈川県からの常連Sさんご家族は、僕の『オールドハイウェイ ルート66の旅』の読者として「森の生活」にご来店いただいてからのお付き合い。僕のルート66フォトトレーションや、モノクロ写真、ネイティブアメリカンジュエリーなどなど、ご来店の度に作品をご購入いただいている方です。翡翠シルバージュエリー以前のＧａｃＵ作品もいくつか。ボディビルで鍛え、引き締まった体のご主人が選ばれたのがこの作品。その後も翡翠シルバージュエリーをご家族で次々と。感謝です。

12

こちらはお隣の大町市在住の女性、Ｔさんからのオーダーです。

前回はペンダントトップをオーダーいただきましたが、今回はリングのオーダー。指輪のように人それぞれのサイズが求められる作品の場合、カスタムオーダーができる「森の生活」の翡翠シルバージュエリーはお勧めです。小さめで綺麗な翡翠を用いて、シンプルに仕上げました。もちろん、希望のサイズぴったりで、ジャストフィット。あまりにも気に入っていただき、その場でさらに2点の翡翠リングをオーダーしていただきました。

13

爽やかな色合いの翡翠ペンダントトップ。写真でしかお会いしていないけれど、小さめの石なので、きっとあなたに似合いますよ。

翡翠は古代からの守り石。確かにそうだ。歴史がそれを物語っている。

けどね、小さな石ひとつで、人の運命や人生を変えることはできません。

そんな甘いもんじゃない。そんな容易いことなどない。

結局は本人のモチベーション次第。

いつもいつでも前向きに…なんてことは、そうそう出来るもんじゃない。

落ち込むこと、やる気をなくすこと、悲観して、途方に暮れてしまうことがたびたび起こる。

でも、だからこそ、もう一度立ち上がることもできるし、前に進むこともできる。

その時に、そっと寄り添い励ましてくれるもののひとつが、「翡翠」なんだと思う。

このペンダントを、きみにプレゼントする人も、きっとそう想っているはずだよ。

いつか、近いうちに、このペンダントを身に着けた、笑顔の君に会ってみたい。

ひとつひとつ、心を込めて翡翠を磨き、ジュエリーに仕上げている僕たちに会いに来てほしい。

白馬の森の中にある、小さな工房兼ショップで、僕たちはその日を心待ちにしている。

14

ルート66つながりの常連さんからのオーダー。長野県内からお越しのNさんは、大好きなミュージシャンがルート66ファンということで、「森の生活」にご来店され、僕の著書やルート66グッズを、いつも大量にご購入。たぶん部屋の中はルート66グッズで溢れ返っていることでしょう。翡翠シルバージュエリーに一目ぼれ。この作品が2点目のオーダー作品となります。

15

関西からお越しのIさん。10年ぶりのご来店です。ネイティブアメリカンジュエリーの大ファンで「森の生活」まで頻繁に来られていました。ご結婚を機に「今回からは翡翠シルバージュエリーを」ということで、まずは2点。奥さんと仲良く1点ずつ。

16

オーダーしてくれたのは、新潟県、長岡の高校生。

いままで、オーダーの最年少記録は20歳の女性でしたが、今回18歳の男性Kくんになりました。

毎年夏休みに、青木湖にカヌーキャンプに訪れるKくん家族とはここ数年のお付き合い。お父さんはハーレーにも乗っていて、仲間とツーリングの際にも立ち寄っていただいています。

Kくんは中学生の時に、自分のお小遣いを貯め、ＧａｃＵのギターウッドシリーズのペンダントトップを購入。

そのころからＧａｃＵジュエリーのファンで、今回の翡翠シルバージュエリーをオーダーしてくれました。

「漆黒の翡翠を用いて、アシンメトリーなデザインを」というリクエストです。

18歳の彼にとっては、決して安い買い物ではありません。Kくんの期待に応えるべく、作品作りにも熱がこもります。

完成の連絡をすると、長岡から電車を乗り継ぎ、一人で受け取りに来てくれました。

いつもは家族の一人として会っているKくんと、いろいろと話ができて嬉しかったな。GacUジュエリーが生まれる息子の工房、ものづくりの現場も観てもらいました。

物静かだなと思っていたKくんが、けっこう話をしてくれて、考え方がしっかりしていることに驚きました。

息子も、自分が18歳のころとは比べ物にならないほど、しっかりとしたビジョンを持っていると感心していました。

17

常連のNさんにオーダーいただいたリング。シンプルながらデザインに凝っています。リングを受け取りに来られた際、めちゃくちゃ気に入ってしまい、店内で展示している翡翠シルバージュエリーを、その場であと2点お買い上げ。

いつもありがとうございます。

18

福井県在住の女性からのオーダー。Tさんは、翡翠が大好きで、月に一度は糸魚川周辺の海岸で、翡翠採取を楽しんでおられます。ネット画像で「糸魚川翡翠」「ジュエリー」で検索したところ、僕のブログに出会って、最初からすべて読んでいただいたとのこと。

一度、様子見にご来店。2度目のご来店でオーダーしていただきました。そして完成したのがこの作品。

Tさんは熱帯魚ファンで、中でもオトシンクルスというサカナが大好きとのこと。地味だけどとてもかわいいと。で、大好きな糸魚川翡翠と、オトシンクルスを組み合わせたジュエリーを作れないかということでオーダーいただきました。かなり完成度の高いラフスケッチを持参されたので、作品としての耐久性、デザインを加味して仕上げました。

完成のご連絡を入れると、直接取りに来られ、とても喜んでいただきました。

その際、ご自身が採取された翡翠原石を見せていただいたのですが、採取を始めて1年とは思えないほど、いい翡翠を持っておられ、びっくりしました。次回はご自身で採取した翡翠を用いて、何かジュエリーを作りたいですね。

19

埼玉県でバイク乗りのためのアメリカン雑貨店を経営されているAさん。ルート66つながりでご来店。ハーレー乗りで、アメリカ好きで、ルート66に憧れていて、釣りやキャンプが好きで、おまけに翡翠好きというAさん。初めてお会いしたのですが、意気投合して「森の生活」から商品や著書を提供することになりました。翡翠シルバージュエリーも扱いたいとのことで、自分用にご注文いただいたのがこの作品。翡翠と蹄鉄、裏の模様にはココペリの透かし彫り。蹄鉄部分のクギ穴とサンバーストの数をそれぞれ6個施すことで、ルート66を表現。まさに世界にただ一つ。

20

大町市在住Yさんからのオーダーで制作したペンダントトップ。白、黒、緑と入り混じる大きな翡翠ルースが特徴です。「森の生活」に別の用事で、ご夫婦でご来店された時、ご主人が翡翠ルースをさっと選び、ペンダントを作ってとその場でオーダー。ご自身初めてのジュエリーということで、奥さんがびっくりされていたのが印象的でした。大町市内から見える爺ヶ岳が大好きなYさんのために、裏には爺ヶ岳山頂のデザインを切り抜いて、光が透るようにしています。

21

翡翠プロジェクトを始めて、糸魚川のTさんに初めてルースのデザインを渡すとき、僕の頭の中で考えていたのがこの作品。

縄文時代の大珠と弥生時代の勾玉。空と水の象徴であるターコイズと大地の象徴であるシルバーを組み合わせるインディアンジュエリーの精神性。５千年の時と、日本、アメリカという物理的な距離。

それらを、たった一つのジュエリーで具象化した作品。

ジャパンビューティーを含め、すべての翡翠シルバージュエリーの、出発点ともなったこの作品は、僕がいつも身に着けている。流されないために、ブレないために、原点を見失わないために。

終わりに1

「日本人にとっての守り石、糸魚川翡翠を用いてかっこいい一点もののジュエリーを作る」

最初の作品のオーダーをいただいたのが、平成24年（2012）8月18日。石を選んでいただき、デザインの打ち合わせを終えてお帰りになるお客さんを、息子とともに見送った。この日から糸魚川翡翠シルバージュエリーの歴史がスタートした。

「何年かかってもいいから100個のオーダーをいただけたら最高だよね」

息子と二人で夢を膨らませた瞬間だった。すべての作品を記録していたわけではないので、100個目がいつだったかという正確なことはわからないが、1年半後くらいには達成していたのではないかと思う。

25年間ほど、シルバージュエリーを販売してきた経験から、糸魚川翡翠シルバージュエリーには「売れない理由」というのが、僕には見つけられない。

コンセプトが確立しており、ストーリー性がある。日本古来の守り石、正真正銘の糸魚川翡翠を使用している。極上の研磨技術で丁寧にルース制作をしている。翡翠ロードの路線上、姫川源流の地「白馬」でジュエリー制作している。作品を販売している実店舗が白馬にある。制作者の顔が見られる。シルバー950を使用している。世界で唯一、同じものは2つとないジュエリーである。気軽にオーダーメイドができる。そしてなにより、価格が手ごろである。などをきちんと丁寧に説明し、ジュエリーの完成度を見ていただければ、確実にお買い上げいただける作品である。

僕は長年いろいろなモノを作ってきたし、何人かの作家作品をプロデュースしてきたが、この糸魚川翡翠シルバージュエリーほど、プロジェクトとして完璧なものはないと思う。僕たちが1年間に制作できる数と、それを手にすることができる人の数が限られていることがいいのだと思う。時間をかけて作られたものだからこそ魂が宿り、本物のきらめきがあるのだと信じている。

最後に、このことはきちんとお伝えしておきたい。

僕たちが使わせていただいている糸魚川翡翠は、着色も、樹脂注入も、バッキングと呼ばれる補強も、艶出しのためのワックス処理も、一切行っていない。原石そのものを研磨加工している無垢の翡翠である。

僕たちは糸魚川翡翠を、いかにも特別なパワーを秘めた石であるかのような売り方はしたくない。「森の生活」では「翡翠を持つと身体にいいですよ」とか、「○○にも効能がありますよ」

というような話はほとんどしない。あくまで「綺麗な天然石」「日本が世界に誇る宝石」として見ていただきたいのだ。

この本で書いたように、糸魚川翡翠が古代からの守り石であることや、希少な宝石であることは間違いなく事実である。しかし小さな翡翠をいくつか手に入れただけで、あなたの人生は変わらないいし、驚くような幸運もやってこない。もちろん大金が転がり込んではこないし、いきなり理想のパートナーが現れることもない。これから先、嫌なことにも遭遇するし、ケガや病気もするだろう。翡翠であれ、他の高額な宝石であれ、いくつも購入して身に着けたからといって、人生がバラ色に輝きだすなんてことはない。当たり前の話だが、自分や家族の身を守り、自分の人生を心地よくしていくのは、あくまで自分自身の努力と、家族や友人の支えである。

身の丈に合った生き方をする人が、手にした瞬間にほんわかと幸せな気持ちになるジュエリー、前に進むときの「心の支え」になるような翡翠シルバージュエリーを、これからも心を込めて制作していく。

信州、白馬にある小さな工房兼ショップから、「世界に一つだけ」を届ける仕事を、ゆっくりと続けていきたい。僕たちはいつも、そう願っている。

終わりに2

手で作るモノに関して、僕は「自分の能力を目一杯使って、80パーセント前後の作品を生み出せれば上出来」という考えを持っている。一生涯モノを作っていく中で、100パーセント、つまりパーフェクトの作品というのは、生まれないのではないかと。

モノを作って、それを生業《なりわい》にしている場合、自身を職人と呼ぼうが、作家と呼ぼうが、アーチストと呼ぼうが、お客さんに購入していただかないことには成り立たない「職業」なのである。完成した作品にプライスタグをつけた時点で、制作者である自分の手から離れるのである。

絵や工芸品は、お客さんの部屋に飾られて初めて意味を成すのであり、器はご飯やおかずを盛り付けられ、ジュエリーはお客さんに身に着けていただいて、初めて輝くのである。

つまり、80パーセントの作品を、お客さんが使用することにより、残りの20パーセントが加味されて100パーセントの作品になる。制作者とユーザーの一体感、そこに価値があるのだと思う。そう考えれば、アートと呼ぼうがクラフトと呼ぼうが、作品自体の境というのは存在しない。値上がりを期待して、空調管理の行き届いた暗い倉庫の中に保存されている「芸術作品」よりも、職人、作家、アーチストが心を込めて制作したジュエリーを、毎日気軽に身に着けるほうが、その人を確実にハッピーにする。モノの価値に関する考え方は人様々だが、僕はそう思っている。

「素材」に関して極論をいえば、人類の至宝といわれる「絵画作品」も、カルチャースクールでお父さんが初めて描いた絵も、「キャンバス」とチューブからひねり出した「絵具」からできている。人間国宝が制作した茶器も、お母さんが日曜陶芸で作ったお皿も「土」からできている。どれだけ希少な、高価な「素材」を使ったかを重視するより、その作品に見合う「素材」を、作家がどのように工夫して使ったかを見るほうが面白い。希少で高級というイメージの翡翠と、手ごろなシルバーを組み合わせて制作することで、誰にでも愛される普段使いのジュエリーを作るという、「発想の妙」を感じていただければ幸いである。

お気づきだと思うが、糸魚川の翡翠を語るうえでは欠かせない、大国主命《おおくにぬしのみこと》と奴奈川姫《ぬなかわひめ》とのエピソードをこの本では触れていない。そのエピソードは古事記や万葉集に記され、糸魚川、小谷、白馬の神話や昔話となって多くの方が語り、本になり、映像にもなっている。興味のある方は、そちらをご覧いただくほうが適切だと思うので、あえて僕の本では書かないこととした。また後に諏訪の神となる、大国主命と奴奈川姫の息子といわれる建御名方神《たけみなかたのかみ》に関しても同様とした。

縄文時代の翡翠加工痕跡が残る、寺地遺跡の巨木柱が、諏訪の御柱のルーツであるとか…御柱の前年に行われる「なぎかまの儀式」のこととか…白馬にある気象にまつわる名を与えられた3つの諏訪神社の位置関係とか…諏訪を出ないと誓ったにもかかわらず、全国に諏訪神社があることとか…姫川や松川に残る数々の伝説とか…

古代史や翡翠に関する多くの謎やミステリーが、糸魚川から松本市に続くライン上に数多く存在している。こちらも興味のある方は、ぜひご自身の目と足で確かめていただきたい。このラインを「塩の道」だけで語るのは、あまりにももったいないのである。

この本と翡翠シルバージュエリーをきっかけに、それらの「古代ミステリー」に興味を持たれた方が、糸魚川、小谷、白馬、大町、安曇野、松本と繋がる「翡翠ロード」を、ゆっくり、じっくり旅されることを願っている。


新しいことを始めると、今までのつながり以上に、多くの方との新しい出会いが、なによりもありがたいなと感じています。

K工房のNさんは、今はK工房を閉鎖され糸魚川を離れて、翡翠以外のお仕事をされている。

あの日Nさんと出会わなければ、始まらなかったプロジェクトです。

J工房のTさんとご家族、そして工房のスタッフの皆さんには心よりの感謝を。とても言葉では言い表せません。Tさんとの出会いは運命だと思っています。

糸魚川市商工会長のIさんはじめ、糸魚川ヒスイ商組合、糸魚川翡翠鉱物展スタッフの皆さん、フォッサマグナミュージアム、その他糸魚川翡翠に関わっておられる多くの先輩方には、今後もよろしくお願いしますという気持ちでいっぱいです。今でこそ新潟県と長野県という二つの自治体に分かれていますが、太古から翡翠ロードや姫川で結ばれていた縁は、強力なものがあると考えます。これから先は市や村が単独で誘客できる時代ではなく、ラインとしてのつながりを重視した戦略を推し進めることが重要です。

いつもながら、僕の突拍子も無い、売れる当てもない出版企画を、全力で実現して本や電子書籍にしてくださっているほおずき書籍さんには、感謝とともにその勇気を讃えさせていただきます。また近いうちに、「面白いアイディア」満載の出版企画を持って伺います。

最後に、女房の美智子と3人の子供たち、萌、岳、桜へ。

大好きな姉の家族へ。

クラフトショップ「森の生活」サポーターの皆さんへ。

みんなの支えがあったから、白馬で45年近く頑張ってくることができました。
おかげさまで7冊目、無事に出版することができました。
感謝を込めてこの本を。

筆者プロフィール

おおつか　ひろし
1960年、大阪生まれ。

1972年、12歳の時白馬に移住。

1980年、19歳で描いた作品により、月刊漫画「ガロ」で漫画家デビュー。

その後は白馬暮らしのクラフト作家として活躍。

1991年から白馬でクラフトショップ「森の生活」を経営。

30年以上の渓流釣りの経験を生かし、躍動感あふれる渓流魚の絵画、オブジェを制作。

20年以上、ネイティブアメリカンジュエリーをプロデュースしてきた経験を生かし、糸魚川翡翠を用いたオリジナル翡翠シルバージュエリーの企画、プロデュースを2012年に開始。

自身も翡翠研磨加工の技術を習得し、ジュエリー作家である息子とともに、オリジナルジュエリー「JAPAN BEAUTY」シリーズをはじめ、糸魚川翡翠シルバージュエリーを共同制作。メイド・イン・白馬の、和のジュエリーを展開している。

ナバホの高名なメディスンマンから授かった正式なナバホネームを持つ。

テレビ、ラジオ、新聞などメディア出演多数。

著　書　『オールドハイウェイルート66の旅』
『インディアンカントリーの風に吹かれて』
『ルート66、66のストーリー』
『白馬暮らしの自転車散歩』

作品集　『母なる道ルート66フォトレーション』
『ルート66モノクロームポストカードブック』

すべての著書、作品集はアップルストア、アマゾンキンドルストアで電子書籍化されており、『ルート66、66のストーリー』はアマゾン部門別ランキング総合１位を長期間持続。発売５年目にして2014年度月間ベストセラー本となるなど、異例のロングセラーを続けている。

ルート66モノクロームポストカードブック

昔からモノクロの写真が大好きだったので、いつかは出したいなと、夢にみていた本です。

本来なら有名写真家が、高価な作品集を出す時に用いる「高精細プリント」という、とても贅沢な印刷方法を取り入れました。白飛び、黒つぶれのない素晴らしい仕上がりで、「この定価でだいじょうぶなの」と、僕が心配になるほど丁寧な本になりました。切り離して額に入れても、十分満足いただけると思います。ミニ作品集として買った方が、ポストカードとして使うために、もう１冊買ってくださる場合が多いそうです。

ルート66、66のストーリー

ルート66を長年旅して出会ったハートフルなストーリーを書き綴った本です。けっしてガイドブックではなく、まるで短編のロードムービーを観ているような本になっています。読者レビューもたくさん寄せられ、若い方から、80代の方まで、読み物として最高に面白いと、高評価をいただきました。

アメリカやルート66のことをよく知らなくても、気軽に読めるように、短く、簡素に書き綴っています。どの章からでも楽しめる、66話の心温まるストーリーを、ぜひ、読んでみてください。この本は全国図書館協会選定本にもなりました。

白馬暮らしの自転車散歩

40年以上暮らしてきた白馬、小谷を中心に、自転車に乗って旅人目線で書いた本です。長年暮らしているのに初めて行った場所や、今まで知らなかった郷土の歴史を、自ら勉強するいい機会になりました。あらためて北安曇っていいところだなぁと感じた次第です。自転車のハウツー本、ガイド本というスタイルは採らず、中年オヤジから見た白馬、小谷のエッセイ本となっています。辛口意見も率直に書いているのは、長年家族で暮らす郷土を愛するが故です。

本を書いたことにより、糸魚川翡翠と再び出会うことができました。この本は全国図書館協会選定本にもなりました。

今までの本の紹介

オールドハイウェイ ルート66の旅

僕の記念すべき著書第１号です。すべてはここから始まったといえるでしょう。アメリカの母なる道ルート66。シカゴからロサンジェルスまでの道のりを、州ごとに見どころとともに紹介した本です。モノクロですが、写真も豊富に掲載しています。多くの旅人がこの本を持ってルート66へと旅立ちました。今でも十分に役立ってくれると思います。フジテレビ系列でドキュメンタリーも製作していただき、全国放送もされました。

インディアンカントリーの風に吹かれて

この本はアリゾナの広大な大地に暮らすナバホ、ホピの人たちとの出会い、そして今も続く家族付き合いの記録です。

僕自身の子供のころからの夢、「アメリカインディアンになる」を実現するまでの道のり、若いころの挫折、結婚して白馬でクラフト作家として暮らしていくこと、ハプニング続きの初めての海外旅行、恐怖感すら覚えた彼らとの出会いなどなど…。白馬で暮らし、ナバホの正式なホーリーネームを持ち、アメリカのタビビトとなる僕の原点が、この本の中にあります。この本は全国図書館協会選定本にもなりました。

母なる道ルート66フォトレーション

ルート66の旅を続けて撮りためた写真を用い、僕なりの技法で表現した作品を、66点収めた初の作品集です。アメリカの風景でありながらもどこか懐かしい、木版画や浮世絵の雰囲気を持った作品たちを、フォトレーションと名付けました。オクラホマやアリゾナでの個展という夢をかなえられたのも、この作品集のおかげです。

ルート66を旅する際に、この作品集を携行し、同じ場所を探して写真に収めている旅行者が多くいるというのも、とてもうれしい話です。

糸魚川翡翠 シルバージュエリーを作る
―「世界に一つだけ」を届ける仕事 ―

2015年3月14日　第1刷発行

著　者　大塚浩司
発行者　木戸 ひろし
発行所　ほおずき書籍株式会社
〒381-0012　長野県長野市柳原2133-5
☎026-244-0235
www.hoozuki.co.jp

発売元　株式会社星雲社
〒112-0012　東京都文京区大塚3-21-10
☎03-3947-1021

ISBN978-4-434-20376-3